Siglinde Hofmann

Das „Was bin ich?" Quiz

Ein Ratebuch mit Umschreibungen und passenden Aktivierungsideen

Verlag an der Ruhr

Impressum

Titel
10-Minuten-Rätsel für Senioren
Das „Was bin ich?"-Quiz
Ein Ratebuch mit Umschreibungen und passenden Aktivierungsideen

Autorin
Siglinde Hofmann

Umschlagmotive
© Robert Kneschke (Fußball), © HLPhoto (Spargel), © MarkusBeck (Herzmuschel-Schale),
© fotoschab (Zettel), © Oleksiy Mark (Regenschirm), © cmnaumann (Amsel),
© Irochka (Sonnenblume), © toonstyle.com (Smiley) – alle Fotolia.com

Lektorat
Katia Simon

Druck
AZ Druck und Datentechnik GmbH, Kempten, DE

Verlag an der Ruhr
Mülheim an der Ruhr
www.verlagruhr.de

ISBN 978-3-8346-4134-2

Inhaltsverzeichnis

Einführung

Liebe Leser!

Aus meiner praktischen Arbeit weiß ich nur zu gut, dass man als Betreuungskraft immer wieder in Situationen gerät, in denen man ohne (lange) Vorbereitungszeit ein anspruchsvolles Beschäftigungsangebot aus dem Hut zaubern muss. Hier sind sofort einsatzbereite, komplett ausgearbeitete, aber flexible Aktivierungsangebote gefragt, die weder lange Vorbereitungszeit noch aufwändige Materialien voraussetzen. Mein Ziel beim Schreiben dieses Buches war deshalb, dass man es in die Hand nehmen und gleich loslegen kann.

Bei der Zusammenstellung der Aktivierungsangebote war mir zudem wichtig, die Teilnehmer immer ganzheitlich anzusprechen. Meine Erfahrungen und meine Beobachtungen in der Betreuungsarbeit haben gezeigt, dass eine Kombination aus alltagspraktischen, kognitiv und motorisch anregenden, spirituellen und Freude bereitenden Elementen ältere Menschen besonders gut erreicht und nachhaltig fördert. Sie finden deshalb all diese Elemente in den Aktivierungsangeboten wieder.

Ziel dieses Buches

Mit dem Material in diesem Buch erhalten Sie insgesamt **32 thematisch nach Jahreszeiten sortierte Aktivierungsangebote**. Zentrales Element ist jeweils ein **Rätsel**: „Was bin ich?" lautet die Frage zu Beginn jedes Aktivierungsangebotes und mithilfe immer konkreter werdender Hinweise nähern sich die Teilnehmer der Lösung. Rätseln lieben alle: Junge wie Alte, Gesunde wie Kranke. Rätsel fordern auf, fördern die Konzentration und das Gemeinschaftsgefühl, wecken Ehrgeiz und verschaffen Erfolgserlebnisse. Auf spielerische Weise vollbringen die Teilnehmer – ganz nebenbei – eine geistige Leistung. Insbesondere für Hochbetagte, nicht mehr gut Orientierte oder Demenzbetroffene spielt das eine große Rolle. Diese erleben fast täglich einen Verlust ihrer Alltagskompetenzen und scheuen deshalb Herausforderungen und Vergleiche, die ständig Misserfolge bedeuten. Gerade sie brauchen für ihr Wohlbefinden viele Erfolgserlebnisse!

Die Zielgruppen

Die Zielgruppen für diese Aktivierungsangebote sind sowohl **geistig fitte Senioren als auch Demenzbetroffene:** Die einzelnen Bausteine können Sie jederzeit unterschiedlich gewichten und an die jeweilige Gruppe anpassen.

Nicht nur Demenzbetroffene freuen sich besonders über Lieder, alltagspraktische Themen und Fragen, die dazu animieren, von früher zu erzählen oder aus dem eigenen Wissensschatz zu berichten. Bei gemischt starken Gruppen fühlen sich die kognitiv Stärkeren bestätigt und die Schwächeren dürfen ohne Gesichtsverlust weniger kompetent sein, da sie sich nicht zwingend einbringen müssen und trotzdem von dem Angebot profitieren.

Aktivierungsrunden gestalten

Meine Erfahrung zeigt, dass es günstig ist, die Aktivierungsrunden immer nach demselben **ritualisierten Schema** aufzubauen. Rituale sind hilfreich und geben Sicherheit: Sie laden ein, lassen Zeit zum Ankommen, wecken Erinnerungen und schaffen eine vertraute Atmosphäre.

Den **Einstieg** und den **Abschluss** können Sie beispielsweise immer mit demselben Musikstück, einem spirituellen Text, einem Gebet oder einer kleinen Bewegungseinheit gestalten. Hier können Sie eigene Ideen nutzen oder auf das Material in diesem Buch zurückgreifen. Ich singe mit meinen Teilnehmern beispielsweise zu Beginn immer das Lied „Danke für diesen guten Morgen" und als Abschluss das Lied „Von guten Mächten wunderbar geborgen".

Ich empfehle, die **musikalischen, spirituellen und motorischen Elemente** jeweils der Gruppe anzupassen: Jede Generation hat ihre Musik, das Verständnis für spirituelle oder philosophische Inhalte hängt von der kognitiven Leistungsfähigkeit der Teilnehmer ab und die körperliche Leistungsfähigkeit ist individuell verschieden.

Es lässt sich jedoch auch in sehr heterogenen Gruppen meist ein kleinster gemeinsamer Nenner finden, etwas, das allen Freude bereitet. Beispielsweise singen Ältere als auch Jüngere gern den Schlager „Er hat ein knallrotes Gummiboot" mit. Viele Ohrwürmer, Witze und humorvolle Gedichte sind genauso zeit- und alterslos.

Die Generation der jetzigen Hochbetagten hat zumeist nicht aktiv Sport getrieben. Bewegungseinschränkungen und Schmerzen dämpfen meist die Begeisterung für pure Gymnastik. Ich verbinde daher einfache Bewegungsübungen gern mit Liedern. Musik motiviert fast alle zum Klatschen, Stampfen, Winken, Wandern, Schütteln, Schunkeln und Tanzen – und das steckt an!

Unbedingt beachten!

Die Betreuungsangebote stellen im Alltag der meisten Ihrer Teilnehmer ein Highlight dar. Sie erzeugen frischen Wind, wecken Erinnerungen, bringen Freude und fördern das Gemeinschaftsgefühl. Dadurch werden zumeist positive Gefühle ausgelöst, aber manches Mal kommen vielleicht negative Erinnerungen hoch. Rechnen Sie auch damit und **geben Sie allen Emotionen Raum** – soweit es für die Gruppe vertretbar ist. Bitten Sie im Zweifelsfall eine Kollegin oder einen Kollegen um Unterstützung.

Bei manchen Angeboten bietet es sich an, Snacks oder kleine Gerichte zusammen mit den Teilnehmern zuzubereiten, anzurichten und zu verzehren. Hier sollten Sie vorab unbedingt etwaige **Allergien und Unverträglichkeiten** bei Ihren Teilnehmern sowie **Erkrankungen, wie Diabetes** bzw. die Einschränkungen dadurch, berücksichtigen. Servieren Sie nur unmittelbar Verzehrfertiges, insbesondere wenn Sie mit stark Demenzbetroffenen arbeiten. So verhindern Sie, dass versehentlich Kirschkerne, Orangenschalen und Co. verschluckt werden.

Achtsam sollten Sie auch sein, wenn Sie **Kleinteile zu Demonstrationszwecken** mitbringen, wie Kastanien, Nüsse, Muscheln u. Ä., damit diese nicht versehentlich im Mund der Teilnehmer landen.

Die Teilnehmer mit allen Sinnen ansprechen

In den Aktivierungsangeboten werden möglichst **alle Sinne** angesprochen: Die Teilnehmer hören Lieder, Vogelstimmen oder auch mal eine Klangschale. Sie betrachten das jeweilige Rateobjekt oder ein Foto davon. Ätherische Öle, Blumen, Früchte oder Obst werden gerochen und die Teilnehmer schmecken Früchte, Gemüse, Nüsse, kleine Gerichte oder Snacks. Der Tastsinn wird angesprochen, wenn Sie das Rateobjekt zum Befühlen in die Runde geben oder kleine Rhythmusinstrumente zur musikalischen Unterstützung verteilen. Sicher haben Sie auch eigene Ideen, wie Sie Ihre Teilnehmer mit allen Sinnen ansprechen können.

Die Themen

Die **Themen der Rätsel** sind mitten aus der Lebenswelt der Senioren gegriffen und zielen darauf ab, die Alltagserinnerungen der Teilnehmer zu aktivieren. Alle Gegenstände, Pflanzen, Tiere, Früchte und Gemüse repräsentieren zeitlose Alltagsmomente und sind eindeutig einer bestimmten Jahreszeit zuzuordnen. Dadurch fällt es den Teilnehmern leichter, sich auf die Themen einzulassen, eigene Erfahrungen einzubringen und Erinnerungen werden automatisch geweckt.

Der Aufbau der Aktivierungsangebote

Alle Aktivierungsangebote sind gleich aufgebaut: Auf der ersten Seite befindet sich ein **ganzseitiges Foto** des Rateobjekts. Es folgt die „**Was bin ich?"-Rätselseite** mit den Hinweisen zum Rateobjekt. Leiten Sie jedes Rätsel kurz ein:

Liebe Teilnehmer!
Wir wollen heute gemeinsam raten, ein Rätsel lösen. Ich gebe Ihnen verschiedene Hinweise, die Sie immer näher an die Lösung heranführen. Es kann sein, dass Sie bereits nach den ersten Hinweisen eine Idee haben, wie die Lösung lauten könnte.
Bitte behalten Sie den Einfall unbedingt für sich. Wir wollen den anderen den Rätselspaß nicht verderben! Nachdem ich den letzten Hinweis vorgelesen habe, bitte ich um Ihre Vorschläge!

Um ein Rätsel einfacher zu gestalten, können Sie vorab einen kleinen Hinweis zum Themenbereich des gesuchten Objekts geben. Beispielsweise weisen Sie die Teilnehmer beim Rätsel zum Flieder (S.12) darauf hin, dass eine Pflanze gesucht wird. Auf den anschließenden beiden Seiten finden Sie **verschiedene Bausteine zur Aktivierung**: biografische oder allgemeine Fragen zum Thema, Gedichte, Lieder, – falls es sich anbietet – auch Scherzfragen, Redewendungen, Zitate und Bauernregeln. Abschließend sind noch einige weitere Aktivierungsideen zusammengestellt, die Sie ausbauen und weiterführen können, um das Angebot zu ergänzen.

Die Bausteine im Überblick

Die Fotoseite

Das jeweilige Thema des Angebots ist gleichzeitig das Rateobjekt der Runde. Dies ist ganzseitig auf dem **Foto** abgebildet. Mal ist es eine Pflanze, mal eine Frucht, ein Gemüse oder ein Gegenstand des Alltags. Die Rateobjekte sind immer typische und sehr bekannte Vertreter ihrer Art und der Jahreszeit, wie etwa der Flieder im Frühling oder der Nussknacker im Winter. Falls möglich, bringen Sie das Rateobjekt jeweils mit. Legen Sie es zunächst, verdeckt von einem Tuch, in die Mitte und decken Sie es erst auf, wenn die Lösung des Rätsels gefunden wurde. Wenn es nicht möglich ist, das Rateobjekt mitzubringen, weil Sie das Angebot spontan umsetzen oder es z. B. ein Tier ist, können Sie das jeweilige Foto kopieren und auslegen oder alternativ die entsprechende Seite im Buch zeigen.

Was bin ich?

Das **Rätsel** mit den Hinweisen auf das Rateobjekt bildet das Herzstück der Aktivierungsrunde. Es ist so konzipiert, dass Sie es einfacher oder schwieriger gestalten können. Passen Sie es an die Leistungsfähigkeit der Teilnehmer an. Für eine Gruppe orientierter Senioren kann es ein Realitätsorientierungs- und Gedächtnistraining, für demenzbetroffene Menschen ein heiteres, förderndes Gemeinschaftserlebnis sein. Sie finden bei vielen Hinweisen auf das **Rateobjekt in Klammern weitere Informationen**, die Sie ergänzend einsetzen können.
Sie sollten die Teilnehmer möglichst **mehrfach** darum bitten, die Lösung nicht laut in den Raum zu rufen, um den anderen den Spaß nicht zu verderben. Und trotzdem: Sie werden sich nicht daran halten! Die Verlockung ist so groß: Die Aufregung und der Stolz rufen es heraus.
Es gibt mehrere Möglichkeiten, damit umzugehen und fortzufahren: 1. Das Eingeworfene übergehen. – Das funktioniert meist ganz gut, weil es viele der anderen einfach nicht hören oder mitbekommen.
2. Dem Einwerfer mit Gesten bedeuten, dass er die Lösung doch für sich behalten möge. – Nicken Sie der Person bestätigend zu und legen Sie gleichzeitig den Finger auf Ihren Mund.
Wenn den meisten Teilnehmern klar ist, welches das Rateobjekt ist, und die Lösung mehrmals gefallen ist, können Sie sagen: „Es wurde gesagt, die Lösung sei das ‚Gänseblümchen'. Wollen wir doch mal schauen, ob das stimmen kann!" Dann geben Sie das Rateobjekt oder das Foto in die Runde. Nun lesen Sie die Hinweise noch einmal vor.

Die Fragen unter **Lassen Sie erzählen** … orientieren sich an der Biografie der Senioren und sind im Schwierigkeitsgrad gemischt. Es sind einfache, geschlossene Fragen und schwierigere, offene. Die Frage nach zusammengesetzten Substantiven ist auch für Demenzbetroffene z. B. genauso gut zu beantworten wie Fragen nach Kochrezepten und Speisen. Lösungen und mögliche Antworten stehen auch hier in Klammern.

Die gewählten **Gedichte** passen zum Thema, sind leicht zu verstehen, nicht zu lang, nicht zu poetisch und oft humorvoll. Meiner Erfahrung nach macht es den Teilnehmern Spaß, Reimzeilen zu ergänzen. So können Sie das Gedicht spielerisch in die Aktivierung integrieren. Bei einigen Themen finden Sie zusätzlich weitere Gedichte-Tipps, falls Sie mehr möchten.

Lieder sind immer Geschmacksache. Es ist nicht einfach, wenn nicht gar unmöglich, den Geschmack aller zu treffen. Die abgedruckten Lieder und die zusätzlichen Lied-Tipps sind passend zum Thema ausgewählt. Es handelt sich jeweils um möglichst bekannte und beliebte Stücke. Grundsätzlich können Sie bei diesem Baustein alle Musikrichtungen einsetzen: von Klassik über Pop, Reggae, Gospel, Liedermacher und Operette bis zu Kinderliedern.

Die Musik sollte zum Thema passen bzw. zu der Stimmung, die Sie erzeugen möchten. Die meisten Menschen bewegen sich gern zu Musik, klatschen, stampfen und singen mit. Falls vorhanden, können Sie auch einfache Rhythmusinstrumente verteilen. Flotte Ohrwürmer sind bestens geeignet und oft bekannt. Sie können die jeweiligen Liedtexte zunächst vorlesen (lassen), um im Anschluss besser ins gemeinsame Singen zu finden. Einen gemeinsamen Kanon, der, regelmäßig geübt, immer besser gelingt, können Sie auch zum Ritual machen und den Teilnehmern so Erfolgserlebnisse und positive Gefühle verschaffen.

Die **Scherzfragen** können Sie zur Unterhaltung und zur Entspannung einstreuen. Lachen hebt die Stimmung bei allen Anwesenden, selbst bei denen, die sich vorgenommen hatten, schlechte Laune zu verbreiten. Freude steckt an. Sie kennen das: Auch demenzbetroffene Teilnehmer lachen mit, selbst wenn sie etwas nicht verstanden haben, und fühlen sich so zugehörig und angenommen.

Die **Redewendungen, Zitate, Zungenbrecher und Bauernregeln** können Sie nach Gefühl anbieten. Hätte Ihre Gruppe Freude daran? Sie können diese Bausteine entweder zur Aktivierung oder rein zur Unterhaltung einstreuen. Redewendungen können die Teilnehmer selbst überlegen und/oder erklären. Zitate eignen sich als Gesprächsanlass und manchmal sogar als spirituelle Inspiration. Zungenbrecher trainieren die Sprachfertigkeit und amüsieren zugleich.

Im letzten Baustein, den **weiteren Aktivierungsideen**, finden Sie weitere Impulse für die Aktivierungsangebote. Mal sind es kulinarische Anregungen, mal Hinweise auf Geschichten oder auch Bastelanregungen. Setzen Sie diese ganz nach Geschmack und Bedarf ein. Vielleicht haben Sie selbst auch noch einige Ideen, wie Sie das Angebot ergänzen können?

Bleiben Sie flexibel!

Und zuletzt das Wichtigste: Betrachten Sie die Aktivierungsangebote nicht als starre Konzepte. Sie können das Rätsel beispielsweise ohne die folgenden Bausteine einsetzen, sodass eine reine Rätselrunde entsteht. Alternativ dazu können Sie die Aktivierungsangebote auch dem Rätsel vorschalten, um die Teilnehmer einzustimmen.
Setzen Sie doch die Bausteine auch mal in beliebiger Reihenfolge ein, lassen Sie einzelne Elemente weg und wiederholen Sie andere. Singen Sie beispielsweise zwischen den anderen Elementen immer ein Lied. Tauschen Sie Lieder und Gedichte aus, die Ihnen nicht gefallen, bringen Sie eigene Ideen ein oder lassen Sie sich von den Teilnehmern inspirieren. Sie merken schon: Es gibt unzählige Möglichkeiten!

Ich wünsche Ihnen fröhliche Aktivierungsrunden mit Ihren Teilnehmern!

Ihre Siglinde Hofmann

Frühling

Frühling

Die Bäume im Ofen lodern.
Die Vögel locken am Grill.
Die Sonnenschirme vermodern.
Im Übrigen ist es still.

Es stecken die Spargel aus Dosen
die zarten Köpfchen hervor.
Bunt ranken sich künstliche Rosen
in Faschingsgirlanden empor.

Ein Etwas, wie Glockenklingen,
den Oberkellner bewegt,
mir tausend Eier zu bringen,
von Osterstören gelegt.

Ein süßer Duft von Havanna
verweht in ringelnder Spur.
Ich fühle an meiner Susanna
erwachende neue Natur.

Es lohnt sich manchmal, zu lieben,
was kommt, nicht ist oder war.
Ein Frühlingsgedicht, geschrieben
im kältesten Februar.

Joachim Ringelnatz (1883–1934)

Was bin ich? – Flieder

- Ich bin einer der ältesten Gartensträucher.
- Ich darf in keinem Bauerngarten fehlen.
- Ich blühe – abhängig von der Region – von Ende April bis Juni.
- Ich bin ein absolutes Sonnenkind. Schatten bekommt mir nicht.
- Ich bin unkompliziert, anspruchslos, robust und winterhart.
- Ich kann sehr alt werden.
- Ich bin ein Strauch, der zum Großstrauch oder sogar zu einem kleinen Baum mit bis zu sechs Metern Höhe heranwachsen kann.
- Ich öffne zahlreiche, kerzenförmige Blütenrispen mit wunderbar intensivem Duft.
- Meine Blüten haben am häufigsten die Farben hell-, dunkelviolett oder weiß.
- Ich habe in der Vase als Schnittblume kein langes Leben.
- Mein Duft kommt in Parfums zum Einsatz.
- Nach mir ist ein Farbton benannt.
- Ich komme in einem bekannten Schlager aus den 1920er-Jahren vor. – („Wenn der weiße Flieder wieder blüht")
- Es gibt einen gleichnamigen Spielfilm von 1953, u. a. mit Willy Fritsch, Götz George, Romy und Magda Schneider.

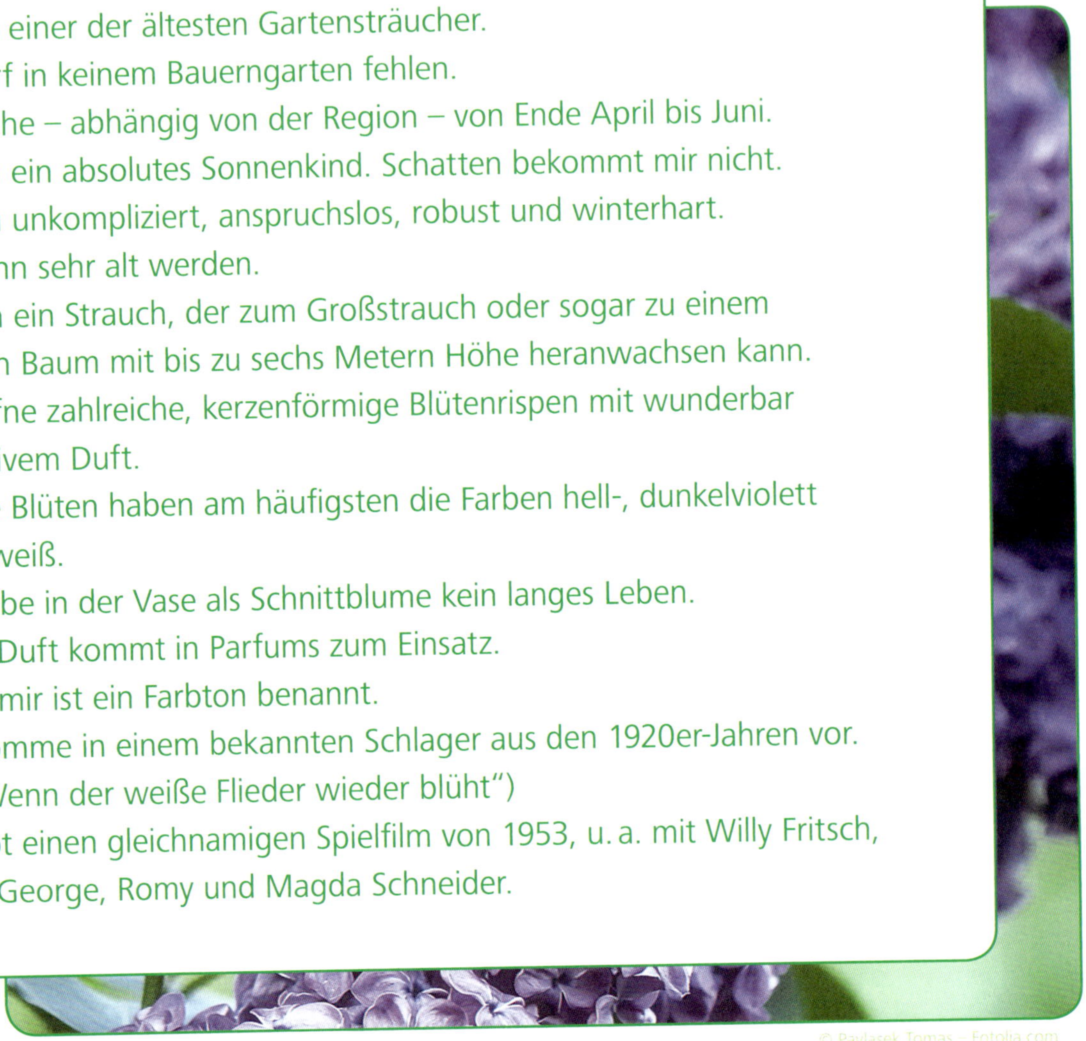

Aktivierungsideen rund um den Flieder

Lassen Sie erzählen …

- Was verbinden Sie mit Flieder? – (Duft, Farbe der Blüten, Garten, Frühling, April, Mai, Juni)
- Welche Blütenfarben beim Flieder kennen Sie? – (fliederfarben bzw. lila, blau, weiß)
- Hatten Sie selbst einen Fliederbusch im Garten? Welche Farbe hatten die Blüten?
- Welche Wortverbindungen mit „Flieder" kennen Sie? – (Fliederbusch, Fliederstrauch, fliederfarben, Fliederblüte, Fliederduft, Fliederhecke, Fliedertee, Sommerflieder)
- Welche anderen Frühlingsblüher fallen Ihnen ein? – (Magnolie, Krokus, Tulpe, Löwenzahn, Gänseblümchen, Primel, Narzisse, Pfingstrose, Vergissmeinnicht, Maiglöckchen, Märzenbecher)
- Welcher ist Ihr liebster Frühlingsblüher?
- Was sind Fliederbeeren? – (Holunderbeeren, im Niederdeutschen wurde Holunder früher als „Vleder" oder „Flieder" bezeichnet)

Gedichte

Flieder

Stille, träumende Frühlingsnacht …
die Sterne am Himmel blinzelten mild,
breit stand der Mond wie ein silberner Schild,
in den Zweigen rauschte es sacht.
Arm in Arm und wie in Träumen
unter duftenden Blütenbäumen
gingen wir durch die Frühlingsnacht.

Der Flieder duftet berauschend weich;
ich küsse den Mund dir liebeheiß,
dicht überhäupten uns blau und weiß
schimmern die Blüten reich.
Blüten brachst du uns zum Strauße,
langsam gingen wir nach Hause,
der Flieder duftete liebeweich …

Otto Julius Bierbaum (1865–1910)

Flieder

Nun weiß ich doch, 's ist Frühling wieder.
Ich sah es nicht vor so viel Nacht
und lange hatt' ich's nicht gedacht.
Nun merk ich erst, schon blüht der Flieder.

Wie fand ich das Geheimnis wieder?
Man hatte mich darum gebracht.
Was hat die Welt aus uns gemacht!
Ich dreh mich um, da blüht der Flieder.

Und danke Gott, er schuf mich wieder,
indem er wiederschuf die Pracht.
Sie anzuschauen aufgewacht,
so bleib ich stehn. Noch blüht der Flieder.

Karl Kraus (1874–1936)

Lied-Tipp

Spielen Sie den Schlager „Wenn der weiße Flieder wieder blüht", gesungen z. B. von Willy Fritsch, und motivieren Sie die Teilnehmer, mitzuklatschen und mitzusingen, falls diese mögen.

Zitate

Düfte sind die Gefühle der Blumen.
Heinrich Heine (1797–1856)

Am Abend duftet alles, was man gepflanzt hat, am lieblichsten.
Johann Anton Leisewitz (1752–1806)

Weitere Aktivierungsideen

- Stellen Sie gemeinsam mit den Teilnehmern Frühlingsblumen zu Sträußen zusammen.
- Lassen Sie die Teilnehmer ein Blumen- oder Blütenmandala ausmalen.
- Setzen Sie ätherische Blütenduftöle in einer elektrischen Duftlampe ein oder legen Sie ein beträufeltes Taschentuch auf die Heizung.
- Schauen Sie mit orientierten Teilnehmern den Film „Wenn der weiße Flieder wieder blüht" an.
- Stellen Sie gemeinsam mit den Senioren Fliederblütensirup her.

© Verlag an der Ruhr | Autorin: Siglinde Hofmann | ISBN 978-3-8346-4134-2 | www.verlagruhr.de

Was bin ich? – Erdbeere

- Ich werde als eine der ersten Obstsorten reif.
- Man kann mich in Deutschland von Mai bis Juli im Freiland ernten.
- Ich habe einen ganz besonders köstlichen Duft und Geschmack.
- Ich schmeckte bereits den Menschen in der Steinzeit. Sie fanden mich im Wald.
- Mein Vitamin-C-Gehalt liegt höher als der von Orangen und Zitronen.
- Ich bin sehr saftig und bestehe etwa zu 90 Prozent aus Wasser.
- In den Texten vieler Dichter gelte ich als Sinnbild der erotischen Liebe.
- Ich bin eine rote Beere, unreif bin ich cremefarben und grün.
- Ich werde als „Königin der Beeren“ bezeichnet.
- Ich bin eine Scheinfrucht. Die eigentlichen Früchte sind die grünen Körnchen an meiner Oberfläche.
- Ich wachse in Bodennähe auf Beeten in Plantagen.
- Ich bin als Marmelade die beliebteste Sorte in Deutschland.
- Ein Kuchen, mit mir belegt, ist allgemein der „Renner“ auf der Kaffeetafel, besonders in Verbindung mit Schlagsahne.

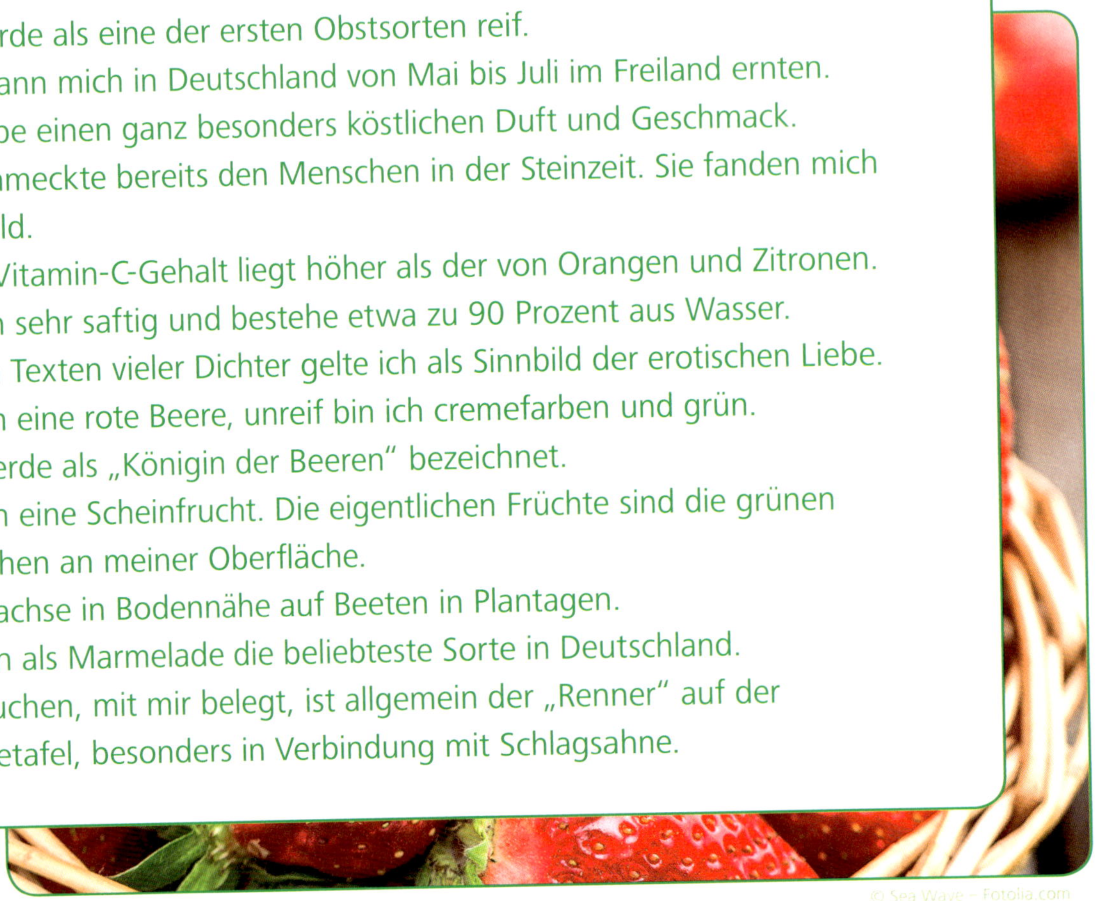

Aktivierungsideen rund um die Erdbeere

Lassen Sie erzählen …

- Mögen Sie Erdbeeren? Wie essen Sie sie besonders gern? – (direkt vom Strauch, Torte, Kuchen, Quark, Eis [Erdbeerbecher], Marmelade, Wein, Bowle)
- Haben Sie Erdbeeren schon einmal selbst geerntet?
- Haben Sie Erdbeeren in Ihrem Garten gepflanzt? Was gibt es dabei zu beachten? – (Pflanzzeit: Frühjahr bis Spätsommer, sonnigen Platz wählen, viel gießen, düngen, z. B. mit Pferdemist)
- Haben Sie selbst Erdbeermarmelade eingekocht? Wie geht das? – (Früchte putzen, mit Gelierzucker kochen, Schaum abschöpfen, Gelierprobe, in heiß ausgespülte Gläser füllen, diese verschlossen auf den Kopf stellen)
- Kennen Sie den Unterschied zwischen Konfitüre, Marmelade und Gelee? – (Konfitüre enthält Fruchtstücke, Marmelade enthält keine Fruchtstücke, Gelee wird aus Saft hergestellt)
- Welche anderen Beerensorten kennen Sie? – (Heidelbeeren/Blaubeeren, Brombeeren, Himbeeren, Johannisbeeren, Stachelbeeren, humorvoll: Eisbären, Braunbären)
- Wie macht man einen einfachen Erdbeerkuchen? – (Bisquitboden, evtl. Pudding oder Marmelade darauf verteilen, Erdbeeren halbiert auflegen, Tortenguss darübergießen)
- Wissen Sie, warum viele Menschen allergisch auf Erdbeeren reagieren? – (zur Erdbeere gibt es einige Kreuzallergien, z. B. Pollen und Nüsse)
- Welche zusammengesetzten Wörter fallen Ihnen mit „Erdbeere" ein? – (Erdbeermarmelade, Erdbeerquark, Erdbeerfeld, Erdbeerkuchen, Erdbeereis, erdbeerfarben, Erdbeermund, Erdbeergeschmack)

Gedicht

Erdbeerlese (Auszug)

Erdbeeren, sie lachen von fern mich schon an,
ich hab so recht meine Freude daran.
So oft ich sie kostete, hab ich gedacht,
Gott hat sie wohl nur für die Engel gemacht.
So duftig, so schön von Farb und Gestalt,
die herrlichste Frucht im ganzen Wald!
O könnt ich sie pflücken
an jedem Ort,
ich würde mich bücken
in einem fort!

August Heinrich Hoffmann von Fallersleben (1798–1874)

Zitat und Bauernregeln

Es wächst die Erdbeer unter Nesseln auf,
gesunde Beeren reifen und gedeihn
am besten neben Früchten schlechtrer Art.
William Shakespeare (1564–1616), Übersetzung aus dem Englischen von August Wilhelm Schlegel (1767–1845)

Reife Erdbeeren um Pfingsten bringen ein gutes Weinjahr.
Bauernregel

Wegen einer Erdbeere sollte ein Mann 9-mal vom Pferde steigen.
Bauernregel

Wenn man keine Erdbeeren hat, mag man die Blätter verzehren.
(Die Blätter geben einen sehr lieblichen Tee.)
Bauernregel

Lied-Tipp
Folgende Lieder können Sie – falls bekannt – gemeinsam mit den Teilnehmern singen, dazu klatschen, stampfen und passende Bewegungen machen. Alternativ oder ergänzend können Sie die Lieder von CD abspielen:

- Peter Kraus: Rote Lippen soll man küssen (Schlager, ursprünglich: Lucky Lips, gesungen von Cliff Richard, 1963)
- Udo Jürgens: Aber bitte mit Sahne (Schlager, 1976)
- Peter Alexander und Leila Negra: Die süßesten Früchte fressen nur die großen Tiere (Schlager, 1952)

Weitere Aktivierungsideen

- Bringen Sie frische Erdbeeren als gesunden Snack mit. Genießen Sie gemeinsam Duft und Aroma.
- Setzen Sie gemeinsam mit den Teilnehmern Erdbeerpflanzen, z. B. in ein Hochbeet oder in Blumenkästen. Pflegen und ernten Sie gemeinsam.
- Bereiten Sie mit den Teilnehmern ein einfaches Erdbeer-Rezept zu. – (z. B. Erdbeerkuchen, Erdbeerquark oder Erdbeershake)

Was bin ich? – Spargel

- Ich bin das in Deutschland mit Abstand am häufigsten angebaute Freilandgemüse.
- In Deutschland wird mehr von mir geerntet als in allen anderen europäischen Ländern.
- Zu Hause bin ich ursprünglich in warmen, gemäßigten Regionen: in Mitteleuropa, Nordafrika und Vorderasien.
- Ich bin als Gemüse- und Heilpflanze seit über 2 500 Jahren bekannt.
- Ich wachse als junger Trieb aus einer Wurzel.
- Ich bestehe zu 93 Prozent aus Wasser.
- Ich muss geschält werden, da meine Schale zäh und faserig ist.
- Ich gedeihe am besten in sandigem, lockerem und nicht zu feuchtem Boden.
- Ich bin ein sehr empfindliches Gemüse und muss von der Ernte bis zur Zubereitung sorgsam behandelt werden.
- Bei meinem Anbau im Feld wird ein Erdwall über mir errichtet.
- Meine Ernte (Stechen der Triebe) erfolgt immer noch in Handarbeit. Die Felder werden 2-mal am Tag nach mir abgesucht.
- Ich werde auch „weißes Gold" genannt.
- Meine klassische Farbe ist weiß. Es gibt auch grüne und violette Sorten.
- Meine Saison ist offiziell am 24. Juni (Johannistag) zu Ende.
- Ich werde klassisch mit Sauce hollandaise und Salzkartoffeln serviert.

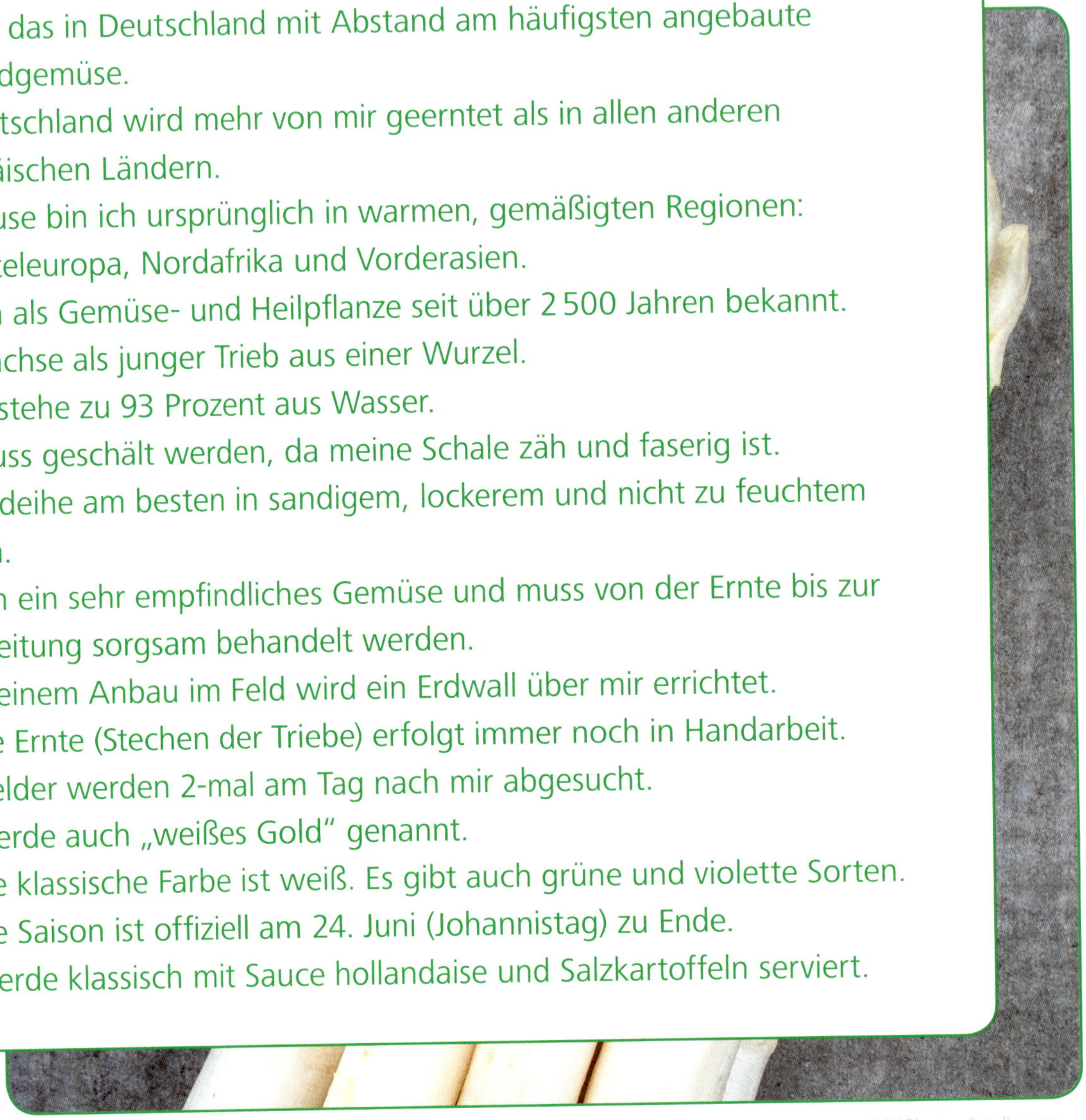

Aktivierungsideen rund um den Spargel

Lassen Sie erzählen ...

- Haben Sie schon einmal selbst Spargel geerntet? Wie war das? Was gibt es dabei zu beachten? – (mit zwei Fingern die Spargelstange freilegen, mit einem scharfen Messer die Stange so tief wie möglich abschneiden, danach die Erde wieder auffüllen und festklopfen)
- Wie essen Sie Spargel am liebsten? Haben Sie eine eigene Weise, wie Sie ihn gern zubereiten? – (z. B. mit Kartoffeln und Sauce hollandaise, als Suppe, Spargelsalat, Spargelquiche, mit Nudeln)
- Kennen Sie die Wirkung von Spargel auf den menschlichen Körper? – (harntreibend, der Urin riecht streng: Asparagusinsäure im Spargel wird durch Enzyme im Körper in schwefelhaltige Stoffe umgewandelt)
- Wissen Sie, warum die Spargelsaison am 24. Juni (Johannistag) endet? – (damit der Spargel bis zum ersten Frost noch genügend Zeit hat, zu einem grünen Busch zu wachsen und ausreichend Kraft für das nächste Jahr zu sammeln)
- Kennen Sie typische Spargelanbaugebiete? – (z. B. Beelitz bei Berlin, Nienburg bei Hannover, Schwetzingen in Baden-Württemberg)
- Welche zusammengesetzten Wörter mit „Spargel" kennen Sie? – (Spargelschäler, Bruchspargel, Dosenspargel, Spargelsuppe, Spargelbeet, Spargelernte, Spargelsaison)
- Kennen Sie den Begriff „Spargeltarzan"? Was bedeutet er? – (Bezeichnung für einen schmächtigen, hochgewachsenen Mann oder Jungen)
- Welches Gemüse nennt man „Winterspargel" oder den „Spargel des kleinen Mannes"? – (Schwarzwurzel)

Lied-Tipp

Folgende Lieder können Sie – falls bekannt – gemeinsam mit den Teilnehmern singen, dazu klatschen, stampfen und passende Bewegungen machen. Alternativ oder ergänzend können Sie die Lieder von CD abspielen:

- Es tönen die Lieder (Volkslied)
- Alles neu macht der Mai (Volkslied)
- Veronika, der Lenz ist da (Schlager, 1920er-Jahre, Interpreten: u. a. Comedian Harmonists)

Zitat und Bauernregeln

Die fromme Helene (Auszug 9. Kapitel)

Denn Spargel, Schinken, Koteletts
sind doch mitunter auch was Netts.
Wilhelm Busch (1832–1908)

Tritt auf Johannis Regen ein, so wird der Nusswachs nicht gedeihn.
Bauernregel

Vor Johanni bitt um Regen, nachher kommt er ungelegen.
Bauernregel

Wenn bis Johanni kein Regen fällt, ist's um den Weinstock wohl bestellt.
Bauernregel

Johanni gibt dem Obst das Salz, Jakobi (25. Juli) das Schmalz.
Bauernregel

Weitere Aktivierungsideen

- Bringen Sie Spargel und Schwarzwurzeln mit. Bitten Sie die Teilnehmer, beide Gemüsesorten miteinander zu vergleichen. Was ist gleich? Und was ist anders?
- Kochen und essen Sie gemeinsam mit den Teilnehmern eine Spargelcremesuppe.
- Veranstalten Sie ein Gemüsequiz nach Farben. Lassen Sie benennen, welches andere Gemüse noch weiß ist (z. B. Blumenkohl, Fenchel, Rettich). Welches Gemüse ist rot, grün oder gelb? Benutzen Sie entsprechend farbige Luftballons zur Unterstützung.

© Verlag an der Ruhr | Autorin: Siglinde Hofmann | ISBN 978-3-8346-4134-2 | www.verlagruhr.de

Was bin ich? – Amsel

- Die alten Römer haben mich gegessen; mein Fleisch galt als sehr schmackhaft.
- Man sieht mich in ganz Europa, in Teilen Nordafrikas und Asiens.
- Ursprünglich war ich ein Bewohner des Waldes.
- Ich werde durchschnittlich drei bis vier Jahre alt, manchmal zehn Jahre oder sogar älter.
- Einer meiner Verwandten ist auf Helgoland nachgewiesenermaßen mindestens 22 Jahre alt geworden.
- Ich habe eine Körperlänge von 24 bis 27 Zentimetern (ungefähre Größe zeigen) und wiege 71 bis 150 Gramm.
- Ich verbringe die meiste Zeit des Tages am oder in der Nähe des Bodens.
- Ich bin ein flexibler, anpassungsfähiger Allesfresser. Ich ernähre mich hauptsächlich von Regenwürmern, Käfern, Spinnen und Schnecken.
- Ich gehöre zu den bekanntesten Vögeln in Europa.
- Ich bin im Frühling als Erster zur Stelle, da ich im Winter nicht fortziehe, sondern in südlicheren Gebieten vor Ort überwintere.
- Auf mich freuen sich die Menschen im Frühling besonders. Meinen Gesang verbinden sie mit dem Ende des Winters.
- Ich brüte mehrmals im Jahr.
- Ich beginne deutlich vor der Morgendämmerung, zu singen.
- Ich flöte am Morgen und am Abend und sitze dabei gern auf Dachfirsten.
- Mein weithin hörbarer Reviergesang ist vielen Menschen vertraut. Ich bin sehr kreativ in meinen gesanglichen Variationen.
- Ich bin eine Verwandte der Drossel und werde auch „Schwarzdrossel" genannt.
- Männlich bin ich tiefschwarz und habe einen kräftigen, gelben bis orangefarbenen Schnabel und in derselben Farbe Ringe um die Augen. Weiblich bin ich eher unauffällig grau-bräunlich gefärbt.

Aktivierungsideen rund um die Amsel

Lassen Sie erzählen …

- Mögen Sie den Gesang der Amseln? Was fühlen Sie, wenn Sie ihn hören? – (Vorfreude auf den Frühling, gute Laune)
- Kennen Sie Vögel, die der Amsel optisch ähneln? – (Star, Drossel)
- Welche anderen Vögel kennen Sie?
- Kennen Sie einen Vogel, der seinen Nachwuchs von anderen ausbrüten lässt? – (Kuckuck)
- Haben Sie im Winter Vögel gefüttert? Was haben Sie ihnen gegeben? – (Meisenknödel aufgehängt, Körner und Kerne ins Vogelhaus gelegt)
- Kennen Sie zusammengesetzte Wörter mit „Vogel"? – (Lockvogel, Vogelscheuche, Pechvogel, Spaßvogel, Paradiesvogel, Vogelperspektive, Wandervogel)

Gedicht

Die Amseln haben Sonne getrunken (Auszug)

Die Amseln haben Sonne getrunken,
aus allen Gärten strahlen die Lieder,
in allen Herzen nisten die Amseln,
und alle Herzen werden zu Gärten
und blühen wieder.

Max Dauthendey (1867–1918)

Gedicht-Tipp

Folgende Gedichte können Sie ebenfalls den Teilnehmern vorlesen:

- Joachim Ringelnatz: Das Samenkorn
- August Heinrich Hoffmann von Fallersleben: Das Lied der Vögel

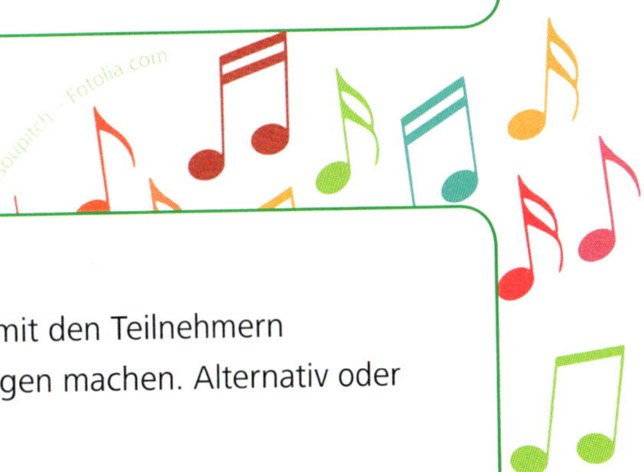

Lied-Tipp

Folgende Lieder können Sie – falls bekannt – gemeinsam mit den Teilnehmern singen, dazu klatschen, stampfen und passende Bewegungen machen. Alternativ oder ergänzend können Sie die Lieder von CD abspielen:

- Kuckuck, Kuckuck ruft's aus dem Wald (Volkslied)
- Der Kuckuck und der Esel (Volkslied)
- CD mit Vogelgezwitscher

Lied

Ein Vogel wollte Hochzeit machen (Auszug)

1. Ein Vogel wollte Hochzeit machen
in dem grünen Walde!
Fidirallala, fidirallala, fidirallalalala!

2. Die Drossel war der Bräutigam,
die Amsel war die Braute.
Fidirallala, fidirallala, fidirallalalala!

3. Die Lerche, die Lerche,
die führt die Braut zur Kerche.
Fidirallala, fidirallala, fidirallalalala!

Volkslied

Redewendungen

Der frühe Vogel fängt den Wurm.
(Frühaufsteher sind erfolgreich.)

Jemand schießt den Vogel ab.
(Jemand sorgt für einen Höhepunkt bzw. tut etwas Peinliches oder Verrücktes.)

Jemand ist ein schräger Vogel.
(Jemand ist undurchsichtig oder nicht vertrauenswürdig.)

Weitere Aktivierungsideen

- Bringen Sie Vogelfedern mit und lassen Sie die Teilnehmer diese anschauen. Falls Sie Federn von verschiedenen Vögeln zeigen, können Sie die Vogelarten raten lassen.
- Basteln Sie Amselmobiles aus Tonkarton und Vorlagen (z. B. Bastelbücher, Internet).
- Hängen Sie gemeinsam Vogelhäuschen und Meisenknödel auf und beobachten Sie.
- Basteln Sie selbst ein einfaches Vogel-Memospiel, indem Sie je 2-mal dieselben Fotos auf Bierdeckel kleben. Bieten Sie an, das Spiel gemeinsam zu spielen.

Was bin ich? – Hase

- Ich bin ein Säugetier.
- Ich bin ein nachtaktives Wildtier.
- Man findet mich in fast ganz Europa, in vielen Teilen Asiens, Nord- und Mittelamerikas sowie in Australien.
- Ich bin ein Pflanzenfresser.
- Die Menschen finden mich niedlich, aber sie verspeisen mich auch.
- Ich bin ein Symbol für Fruchtbarkeit.
- Ich bin ein Einzelgänger. Nur zur Paarungszeit suche ich die Nähe zu meinen Artgenossen.
- Ich bringe 3- bis 4-mal im Jahr ein bis sechs Jungtiere zur Welt.
- Ich kann bis zu 70 Zentimeter lang und 7 Kilo schwer werden.
- Mein Name wird als Kosename unter Liebenden verwendet.
- Mein weiches Fell ist gelblich-grau, ocker-braun oder braun-rot mit gelben Schattierungen und schwarz gesprenkelt. Mein Bauch ist weiß.
- Die Furche zwischen meiner Nase und meiner Oberlippe erinnert an den Buchstaben „Y“ und heißt „Scharte“.
- Meine Hinterbeine sind länger als die Vorderbeine. Deshalb kann ich schnell laufen und Haken schlagen.
- Mein Schwanz ist auf der Oberseite schwarz und unten weiß. Man nennt ihn auch „Blume“.
- Ich habe zwei lange Ohren. Man nennt mich auch „Meister Lampe“ oder „Meister Langohr“.
- Man unterstellt mir, dass ich an Ostern bunte Eier im Garten verstecke.

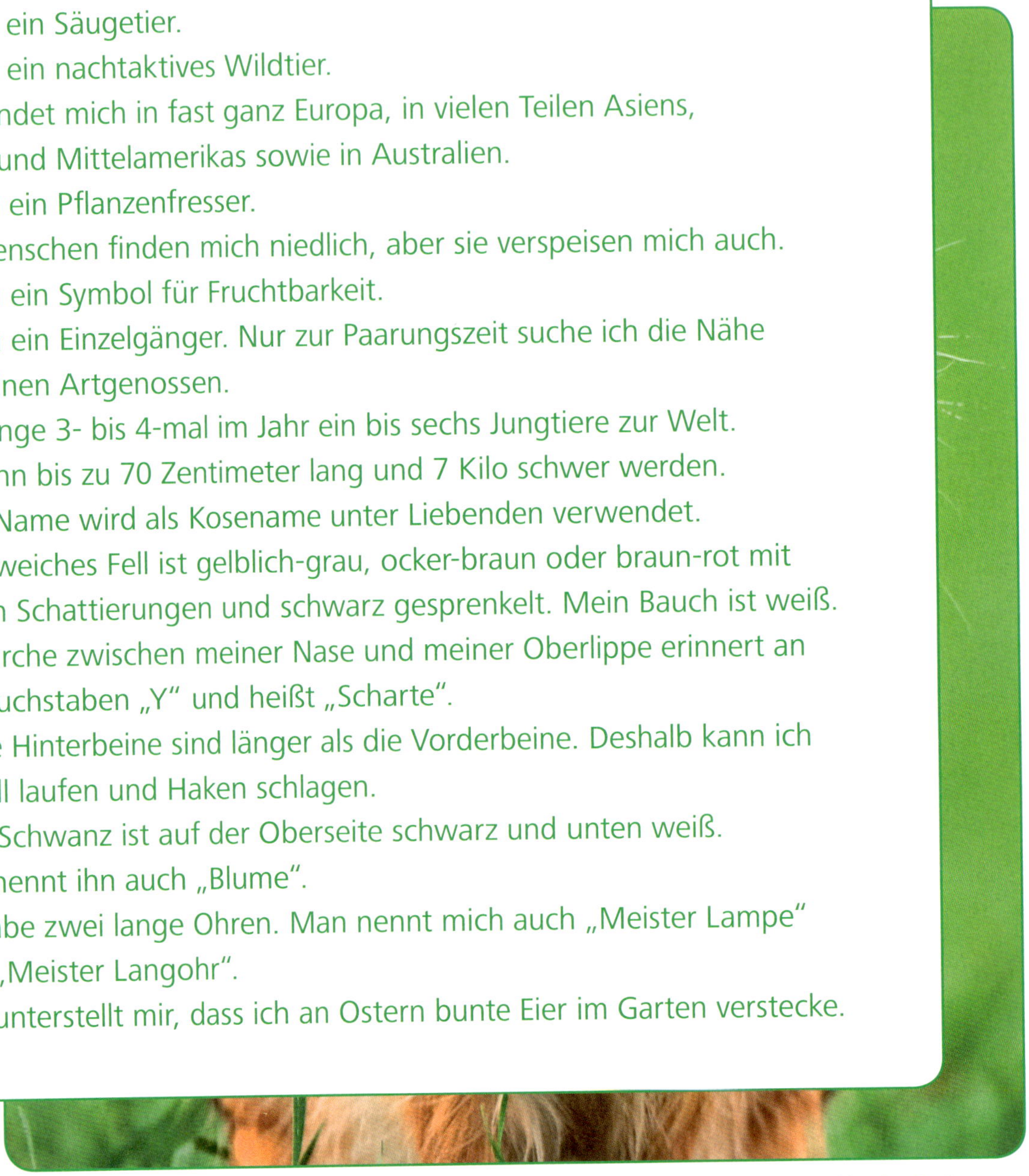

© WildMedia – Fotolia.com

Aktivierungsideen rund um den Hasen

Lassen Sie erzählen …

- Haben Sie selbst schon mal einen Feldhasen in der Natur beobachtet? Wo war das?
- Kennen Sie den Unterschied zwischen Hasen und Kaninchen? – (Hasen haben längere Ohren und kräftigere Hinterbeine und sind in der Regel Einzelgänger.)
- Kennen Sie den „Falschen Hasen"? Was verbirgt sich dahinter? – (Hackbraten)
- Welche zusammengesetzten Wörter mit „Hase" fallen Ihnen ein? – (Osterhase, Hasenbraten, Schneehase, Stallhase, Angsthase, Hasenjagd, Hasenpfote)
- Wie wurde früher bei Ihnen in der Familie Ostern gefeiert?
- Haben Sie zu Ostern Eier gefärbt? Wie haben Sie das gemacht?
- Gab es in Ihrer Region ein Osterfeuer? Welche Erinnerungen haben Sie daran?

Märchen-Tipp
Lesen Sie das Märchen „Der Hase und der Igel" von den Brüdern Grimm vor oder lassen Sie es die Teilnehmer erzählen, falls es bekannt ist.

Lieder

Von den zwei Hasen (Zwischen Berg und tiefem, tiefem Tal)

1. Zwischen Berg und tiefem, tiefem Tal
saßen einst zwei Hasen,
fraßen ab das grüne, grüne Gras,
fraßen ab das grüne, grüne Gras
bis auf den Rasen.

2. Als sie satt gefressen, fressen warn,
setzten sie sich nieder,
bis dass der Jäger, Jäger kam
bis dass der Jäger, Jäger kam
und schoss sie nieder.

3. Als sie sich nun aufgesammelt hatten
und sich besannen,
dass sie noch Leben, Leben hatten,
liefen sie von dannen.

Umdichtung eines bekannten Studentenlieds

Häschen in der Grube (1. Strophe)

Häschen in der Grube saß und schlief, saß und schlief.
Armes Häschen, bist du krank,
dass du nicht mehr hüpfen kannst?
Häschen, hüpf! Häschen, hüpf! Häschen, hüpf!

Friedrich Fröbel (1782-1875)

Lied-Tipp
Spielen Sie den Schlager „Mein Name ist Hase" von Chris Roberts von einer CD ab und motivieren Sie die Teilnehmer, mitzuklatschen und mitzusingen, falls diese mögen.

Redewendungen

Wo sich Fuchs und Hase gute Nacht sagen
(Dies ist ein einsamer Ort abseits der Zivilisation.)

Jemand ist ein Hasenfuß.
(Jemand ist ein ängstlicher und furchtsamer Mensch.)

Jemand weiß, wie der Hase läuft.
(Jemand kennt sich gut aus.)

Jemand ist ein alter Hase.
(Jemand hat Erfahrung.)

Da liegt der Hase im Pfeffer.
(Das ist der entscheidende Punkt.)

Weitere Aktivierungsideen

- „Schlachten" Sie gemeinsam Schokoladenhasen und -eier.
- Bemalen oder färben Sie gemeinsam hart gekochte Ostereier.

Was bin ich? – Besen

- Ich bin ein Haushaltsgegenstand.
- Man benutzt mich nicht nur beim Frühjahrsputz, sondern vielerorts täglich.
- Es gibt mich in groß oder klein sowie für drinnen und draußen.
- Ich bin das erste Reinigungsgerät der Menschen. Mit mir wurden schon in der Steinzeit Höhlen sauber gehalten.
- Mit mir beseitigt man Staub, Müll, Blätter und groben Schmutz.
- Man reinigt mit mir eine Straße oder einen Hof ebenso wie die Räume in einem Wohnhaus.
- Für die Reinigung der Straße gibt es mich in elektrischer Ausführung. – (Kehrmaschine)
- In Häusern und Wohnungen ersetzt man mich inzwischen auch gern durch ein elektrisches Gerät. – (Staubsauger)
- Man sagt, ich diene Hexen als Fluggerät.
- Ich bestehe aus einem Stiel und einem Kopf aus Borsten.
- Meine Borsten bestehen z.B. aus Tierhaaren (z. B. Rosshaar), Pflanzenfasern oder Kunststoff.
- Es gibt eine kleine Variante von mir, die mit einem Kehrblech benutzt wird.
- Man nennt mich auch „Feger".

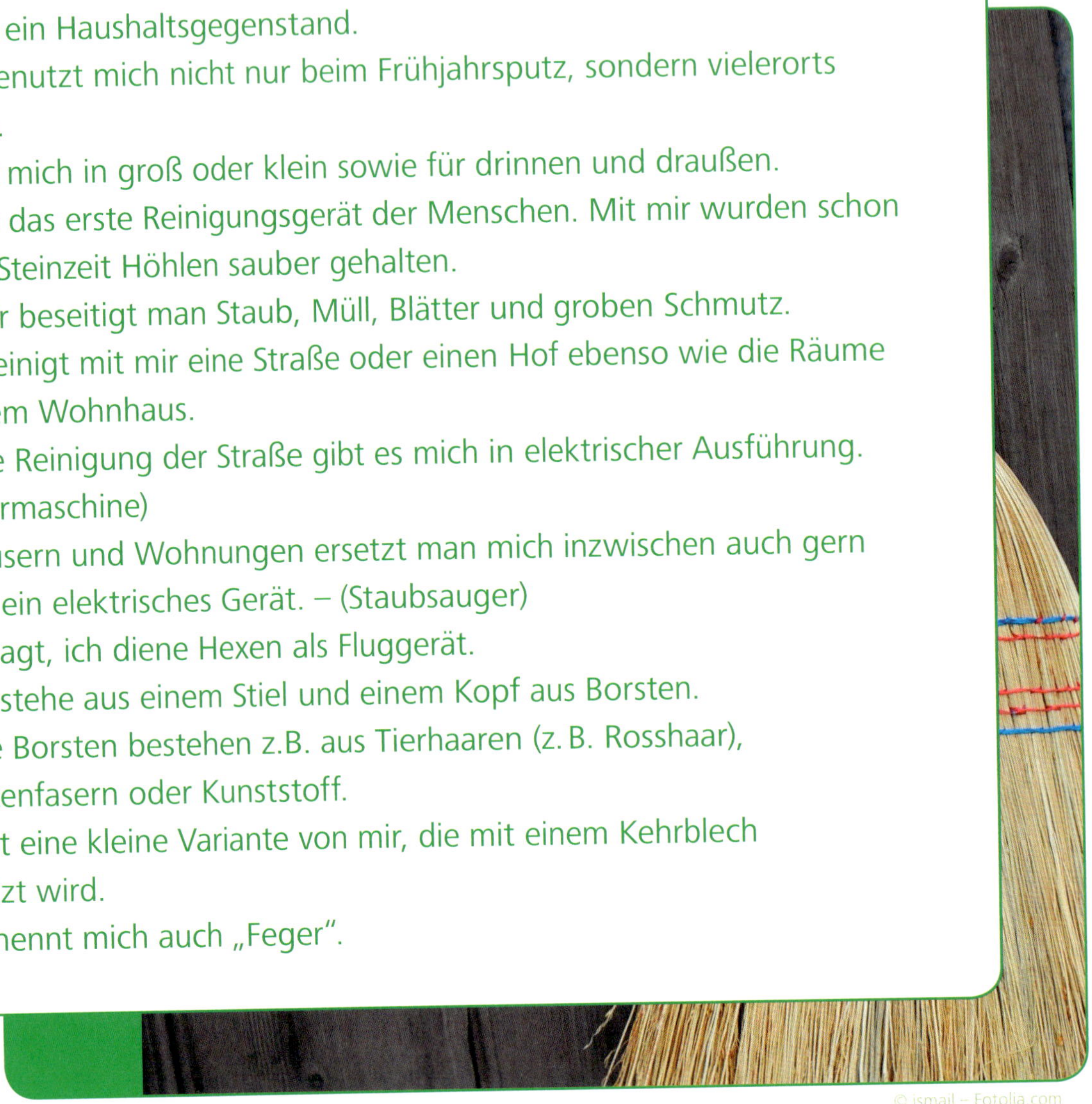

Aktivierungsideen rund um den Besen

Lassen Sie erzählen …

- Fegen Sie gern mit einem Besen? Oder benutzen Sie lieber einen Staubsauger? Warum?
- Wissen Sie, aus welchem Material die Borsten von Besen früher bestanden? Und woraus sind sie heute gemacht? – (früher: Birkenreisig, Ginster, Heidekraut; heute: Tierhaare, Plastik, Stroh, Metall)
- Welche Besen kennen Sie? – (Handbesen, Kehrbesen, Reisigbesen, Staubbesen, Schneebesen)
- Kennen Sie noch einen Bohnerbesen? Was ist das? – (ein fünf bis zehn Kilo schwerer Block mit Borsten dran, der Bohnerwachs auf Böden zum Glänzen bringt; früher durften sich Kinder daraufsetzen, um den Druck und damit die Wirkung zu erhöhen)
- Haben Sie einen Frühjahrsputz gemacht? Welche Aufgaben gehören für Sie dazu?
- Wissen Sie, was „Kehraus" bedeutet? Haben Sie schon einmal einen erlebt? – (letzter Tanz bei einer Veranstaltung, abgeleitet vom „Auskehren" durch die langen Ballkleider.)
- Kennen Sie zusammengesetzte Wörter mit „Besen"? – (Besenbinder, Besenkammer, Besenschrank, besenrein, Besenstiel, Hexenbesen, Besenreiser)
- Welche Märchen und Geschichten kennen Sie, in denen Zauberbesen oder Hexen vorkommen? – (Der Zauberlehrling, Zwerg Nase, Rapunzel, Schneewittchen, Hänsel und Gretel)
- Wann ist die Walpurgisnacht und was wird da gefeiert? – (Das ist die Nacht auf den 1. Mai. Im Harz fliegen seit Jahrhunderten nach altem Volksglauben Hexen auf ihren Besen auf den Brocken, um mit dem Teufel den Frühlingsbeginn zu feiern.)

Gedicht

Die Heinzelmännchen (Auszug)

Wie war zu Köln es doch vordem
mit Heinzelmännchen so bequem!
Denn, war man faul, man legte sich
hin auf die Bank und pflegte sich:
Da kamen bei Nacht,
ehe man's gedacht,
die Männlein und schwärmten
und klappten und lärmten,
und rupften
und zupften
und hüpften und trabten
und putzten und schabten
und eh ein Faulpelz noch erwacht,
war all sein Tagewerk bereits gemacht!

August Kopisch (1799–1853)

Gedicht-Tipp
Lesen Sie eines der bekanntesten Gedichte von Johann Wolfgang von Goethe vor: „Der Zauberlehrling". Vielleicht kann einer der Teilnehmer den Text sogar auswendig sprechen.

Lied-Tipp
Spielen Sie den Schlager „Das bisschen Haushalt" von Johanna von Koczian von einer CD ab und motivieren Sie die Teilnehmer, mitzuklatschen und mitzusingen, falls diese mögen.

Zungenbrecher

Die Bürsten mit schwarzen Borsten bürsten besser als die Bürsten mit weißen Borsten.

Redewendungen

Jemand soll vor seiner eigenen Tür kehren.
(Jemand soll sich um seine eigenen Angelegenheiten kümmern.)

Ich fresse einen Besen!
(Ich bin ungläubig und erstaunt.)

Neue Besen kehren gut!
(Jemand ist zu Beginn einer Tätigkeit sehr eifrig und gründlich.)

Jemand ist ein flotter Feger!
(Jemand ist attraktiv.)

Weitere Aktivierungsideen

- Bringen Sie verschiedene Besen als Anschauungsmaterial mit.
- Veranstalten Sie einen Sitztanz mit Besen als Accessoire, das im Rhythmus bewegt wird.

© Verlag an der Ruhr | Autorin: Siglinde Hofmann | ISBN 978-3-8346-4134-2 | www.verlagruhr.de

Was bin ich? – Fahrradklingel

- Ich bin ein Gebrauchsgegenstand.
- Ich bestehe aus Metall.
- Es gibt mich in verschiedenen Größen, Farben und Varianten.
- Ich bin ein akustisches Signalgerät und gebe einen durchdringenden Ton von mir.
- Ich funktioniere mechanisch.
- In älteren Modellen erzeugt ein Zahnradmechanismus den Ton.
- Ich befinde mich an einem Fahrzeug.
- Ich werde per Hand durch den Fahrer betätigt.
- Der Fahrer des Fahrzeugs macht durch mich auf sich aufmerksam.
- Der hell tönende Glockenton soll die Kollision von Verkehrsteilnehmern verhindern.
- Ich bin am Lenker angebracht.
- Das Fahrzeug, an dem ich befestigt bin, ist ein Zweirad.
- Scherzhaft werde ich manchmal sogar an Wanderstöcken, Servierbrettern und Bierkrügen angebracht.

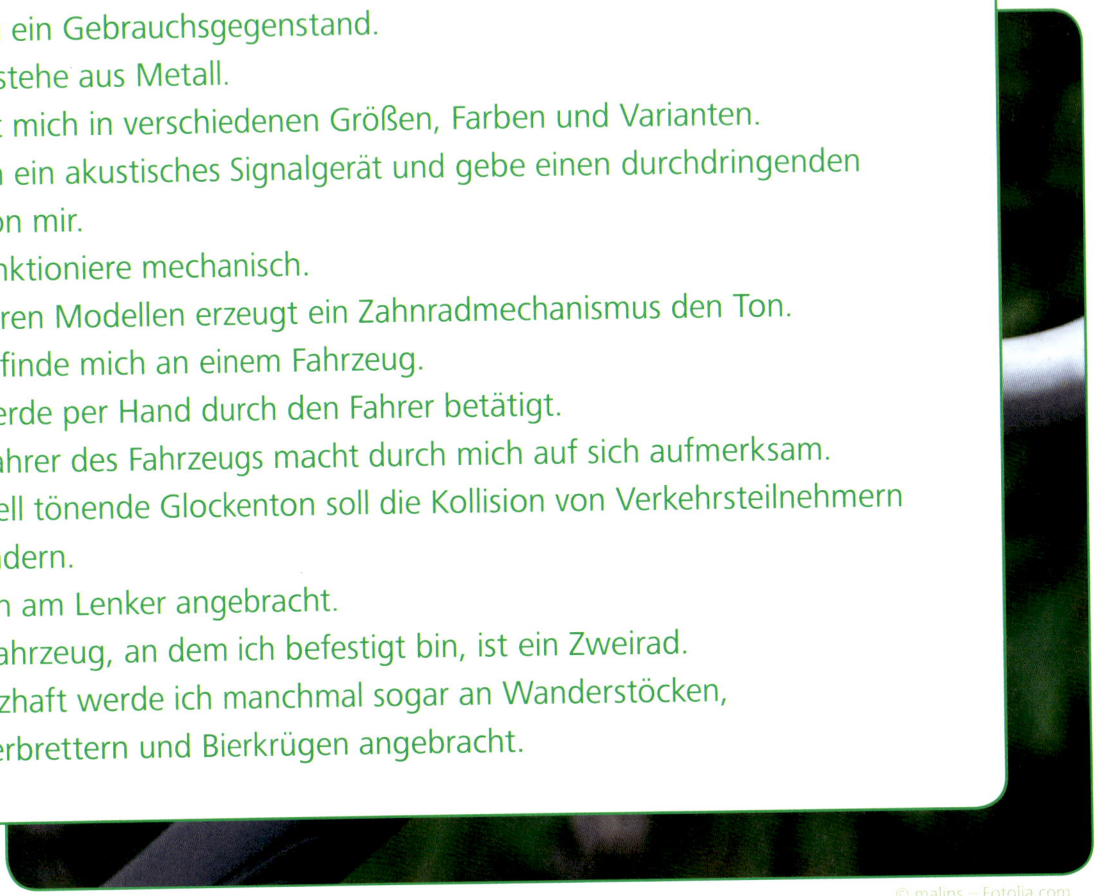

Aktivierungsideen rund um die Fahrradklingel

Lassen Sie erzählen …

- Hatten Sie einmal eine besonders schöne Fahrradklingel? Wie sah sie aus? Wie klang sie?
- Hatten Sie ein eigenes Fahrrad? Was für ein Modell? – (z. B. Hollandrad, Tourenrad, Minirad, Klapprad, Rennrad, Mountainbike, Elektrofahrrad/E-Bike, Tandem)
- Was bedeutete das eigene Fahrrad für Sie? – (z. B. sportliche Betätigung, Bewältigung des Arbeitsweges, Mobilität, Freiheit, Ausflüge, Ferien)
- Können Sie einen platten Reifen am Fahrrad reparieren? Welche Werkzeuge und Materialien benötigt man dafür? – (Flickzeug, Kleber, Luftpumpe)
- Wissen Sie, wie man das Fahrrad auch umgangssprachlich bezeichnet? – (Drahtesel, Stahlross, Tretesel)

Gedicht

Radfahrerin

Grüß Gott! Du holde Radlerin,
mit deinem lust'gen Rädchen,
so lang ich schon auf Erden bin
sah ich kein nett'res Mädchen.
Du bist der lieben Unschuld Bild,
und gute Menschen segnen
dich sicher, wenn sie im Gefild
dir, wie dem Lenz, begegnen.
Ließ dich das Rad so schön und stark
in Jugendpracht gedeihen?
Könnt es dir Kraft bis in das Mark
und Rosenblut verleihen?
So fliege wie ein Vögelein
durch Wald und Feld und Auen
und werd im goldenen Sonnenschein
die prächtigste der Frauen!

F. Simm

Lied-Tipp

Folgende Lieder können Sie – falls bekannt – gemeinsam mit den Teilnehmern singen, dazu klatschen, stampfen und passende Bewegungen machen. Alternativ oder ergänzend können Sie die Lieder von CD abspielen:

- Wir radeln durch das Land (Wanderlied, ca. 1950)
- Ja, mir san mit'm Radl da (Schlager, Volkslied)
- Rennsteiglied (Wanderlied aus Thüringen, 1951)

Redewendungen

Jemand ist das fünfte Rad am Wagen.
(Jemand ist überflüssig.)

Jemand schlägt ein Rad.
(Jemand macht einen seitlichen Überschlag als Turnübung.)

Jemand hat ein Rad ab.
(Jemand ist nicht recht bei Verstand.)

Jemand dreht ein großes Rad.
(Jemand unternimmt etwas sehr Schwieriges.)

Jemand erfindet das Rad nicht neu.
(Jemand muss nicht etwas verbessern, dass schon optimal ist.)

Jemand dreht das Rad der Geschichte zurück.
(Jemand stellt frühere Verhältnisse wieder her.)

Jemand gerät unter die Räder.
(Jemand geht zugrunde.)

Scherzfrage

Was ist der Unterschied zwischen einem Kegler und einem Radfahrer?
Die Kegler schieben erst, dann purzeln sie, die Radfahrer purzeln erst, dann schieben sie.

Weitere Aktivierungsideen

- Bringen Sie Fahrradklingeln und andere Glocken mit. Diese können Sie beim Singen oder Vorlesen integrieren und klingeln lassen, z. B. wenn das Wort „Fahrrad" erklingt.
- In einer sehr musikalischen Runde können Sie mit den Klingeln und Glocken ein kleines Konzert geben.

Was bin ich? – Gießkanne

- Ich bin ein Alltags- und Nutzgegenstand.
- Es gibt mich in vielen verschiedenen Farben, Ausführungen, Größen und Materialien. – (z. B. Kunststoff, Blech, Keramik, Kupfer, Zink)
- Ich werde in nahezu jedem Haushalt gebraucht.
- Ich werde in der Wohnung und im Garten eingesetzt.
- Nach mir wurde ein Prinzip benannt. – (Gießkannenprinzip: Jeder bekommt dasselbe.)
- Kindern macht es großen Spaß, mit mir in der Badewanne oder im Garten zu hantieren.
- In der Stadt Gießen gibt es ein mir gewidmetes Museum.
- Ich bin ein Gefäß.
- Mein Fassungsvermögen beträgt in der Regel bis zu 15 Liter.
- Ich werde mit Wasser befüllt.
- Ich bestehe aus einem Gefäß, einem Griff, einer Tülle und einem Brausemundstück.
- Ich kann beim Camping als Dusche zweckentfremdet werden.
- Ich werde auch „Sprenger“ oder in Österreich „Spritzkrug“ genannt.
- Ich bin ein Gefäß zur Bewässerung von Pflanzen, ein Werkzeug zur künstlichen Beregnung.

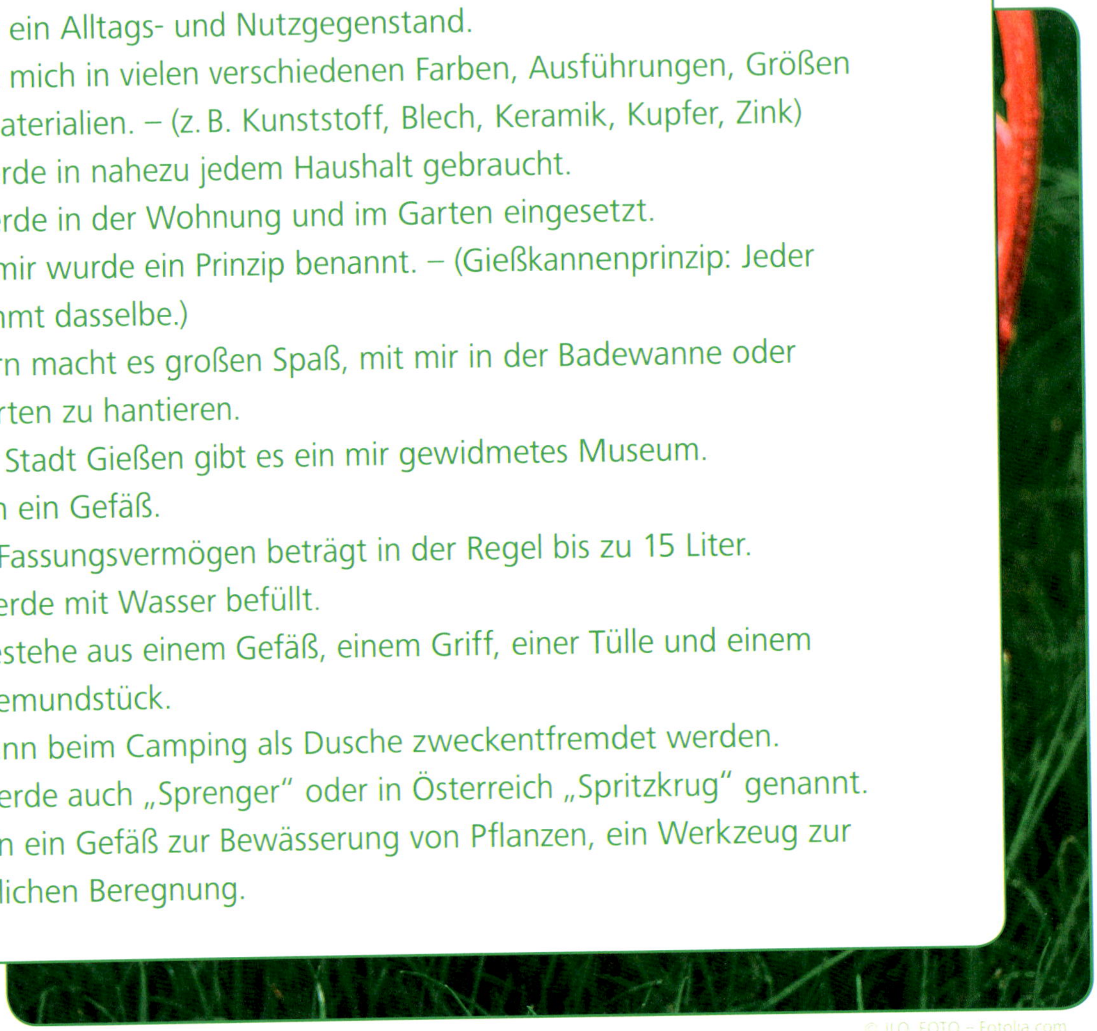

© JLO_FOTO – Fotolia.com

Aktivierungsideen rund um die Gießkanne

Lassen Sie erzählen …

- Hatten Sie selbst einen Garten oder einen Balkon? Wie haben Sie Ihre Pflanzen gewässert?
- War Gemüsepflanzen und Blumengießen für Sie eine anstrengende und lästige Arbeit?
- Welche Pflanzen haben Sie angebaut und geerntet?
- Haben oder hatten Sie vielleicht auch Zimmerpflanzen? Was gibt es bei der Pflege zu beachten? – (manche seltener, andere häufiger gießen, regelmäßiges Umtopfen, manche stehen gern sonnig, andere eher schattig)
- Wissen Sie, was bei der Gartenbewässerung die Gießkanne oft abgelöst hat? – (Gartenschlauch)
- Erinnern Sie sich an den Geruch, wenn die heiße, trockene Erde mit dem feinen Wasserstrahl der Gießkanne benetzt wurde? Wie roch das?

Gedicht

Frühlingsregen

Regne, regne, Frühlingsregen,
weine durch die stille Nacht!
Schlummer liegt auf allen Wegen,
nur dein treuer Dichter wacht …

lauscht dem leisen, warmen Rinnen
aus dem dunklen Himmelsdom,
und es löst in ihm tiefinnen
selber sich ein heißer Strom,

lässt sich halten nicht und hegen,
quillt heraus in sanfter Macht …
Ahndevoll auf stillen Wegen
geht der Frühling durch die Nacht.

Christian Morgenstern (1871–1914)

Lied-Tipp

Folgende Lieder können Sie – falls bekannt – gemeinsam mit den Teilnehmern singen, dazu klatschen, stampfen und passende Bewegungen machen. Alternativ oder ergänzend können Sie die Lieder von CD abspielen:

- Wenn alle Brünnlein fließen (Volkslied)
- Es klappert die Mühle am rauschenden Bach (Volkslied)
- Im Märzen der Bauer (Volkslied)

Redewendungen

Steter Tropfen höhlt den Stein.
(Beharrlichkeit führt zum Ziel.)

Jemand kocht auch nur mit Wasser.
(Niemand ist besser als andere. Alle setzen nur die bekannten Mittel und Methoden ein.)

Jemand ist mit allen Wassern gewaschen.
(Jemand ist durchtrieben und gewitzt.)

Jemandem wird das Wasser abgegraben.
(Jemand wird geschädigt.)

Jemand springt ins kalte Wasser.
(Jemand packt etwas Neues ohne Vorbereitung beherzt an.)

Weitere Aktivierungsideen

- Bringen Sie verschiedene Gartengeräte mit (z. B. Gießkanne, Eimer, Schaufel, Rechen). Lassen Sie die Teilnehmer diese erkunden. Welche Erinnerungen werden wach?
- Gießen Sie mit einer kleinen Gießkanne mit Brausekopf Wasser über die Hände der Teilnehmer. Stellen Sie eine Schüssel unter. Wie fühlt sich das an?

Sommer

Sommerfrische

Zupf dir ein Wölkchen aus dem Wolkenweiß,
das durch den sonnigen Himmel schreitet.
Und schmücke den Hut, der dich begleitet,
mit einem grünen Reis.

Verstecke dich faul in der Fülle der Gräser.
Weil's wohltut, weil's frommt.
Und bist du ein Mundharmonikabläser
und hast eine bei dir, dann spiel, was dir kommt.

Und lass deine Melodien lenken
von dem freigegebenen Wolkengezupf.
Vergiss dich. Es soll dein Denken
nicht weiter reichen als ein Grashüpferhupf.

Joachim Ringelnatz (1883-1934)

Was bin ich? – Rose

- Von meiner Gattung gibt es etwa 100 bis 200 Arten.
- Ich spiele in vielen Kulturen eine bedeutende Rolle.
- Es gibt seit Jahrtausenden Gärten, die nur für mich angelegt werden, z. B. in Persien und England.
- Im Mittelalter fand man mich hauptsächlich als Heilpflanze in Klostergärten.
- Ich gelte seit dem Altertum als Symbol für Liebe, Freude und Jugendfrische, aber auch für Vergänglichkeit und Tod.
- Aus meiner Frucht wird Marmelade und Tee gemacht. – (Hagebutte)
- Aus meinen Blüten wird ein sehr teures Öl gewonnen.
- Dieses ätherische Öl wirkt entspannend, ausgleichend und harmonisierend.
- Meine Frucht ist die Hagebutte.
- Mich gibt es auch in rosa, weiß und rot.
- Aus mir wird auch ein sogenanntes Wasser gewonnen, das unter anderem bei der Herstellung von Marzipan und Lebkuchen verwendet wird, aber auch in der orientalischen Küche.
- Ich gelte als Königin der Blumen.
- Viele meiner Arten duften betörend.
- Ich bin die am häufigsten besungene und beschriebene Blume.
- Liebende verschenken mich besonders gern.

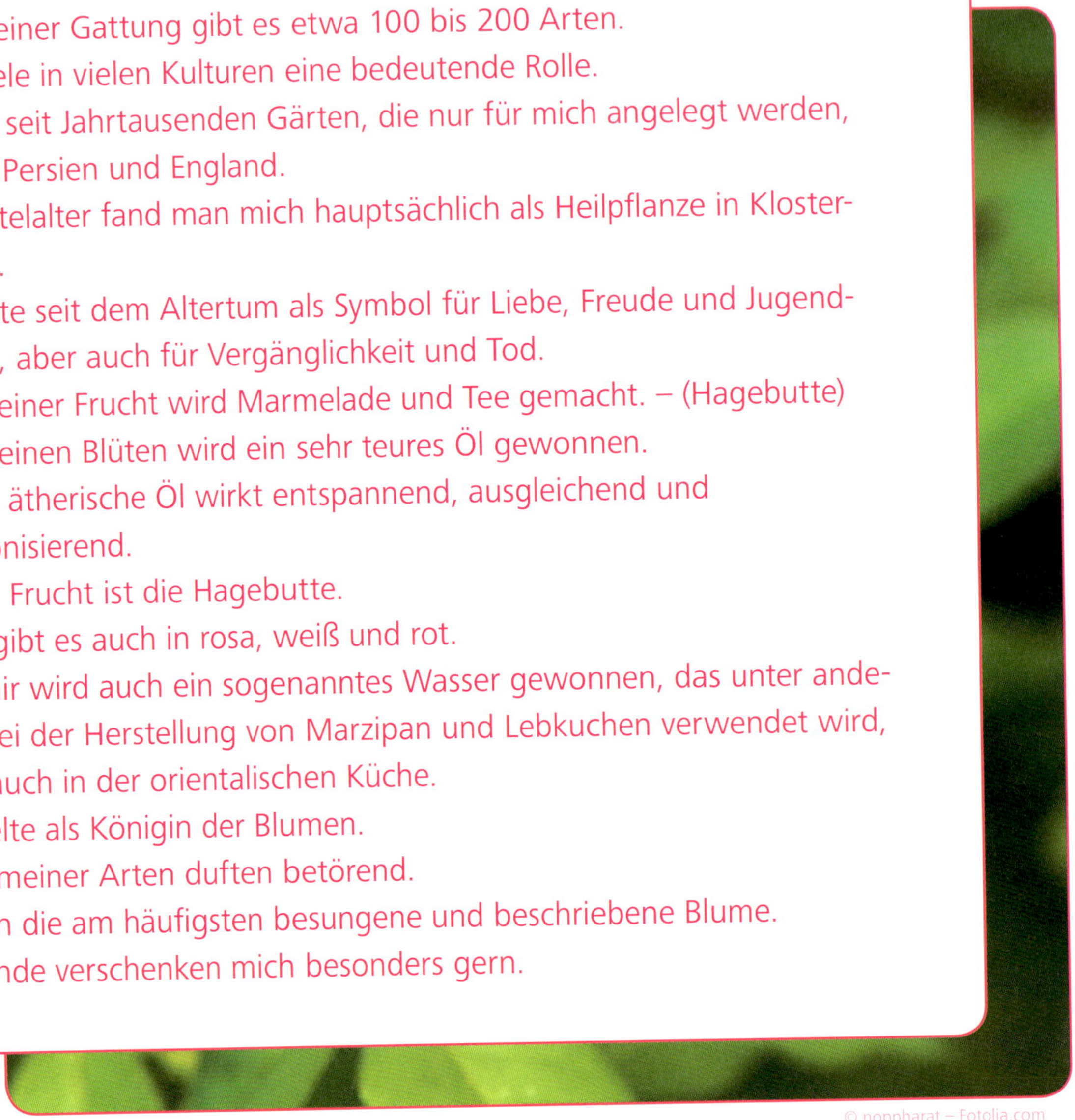

Aktivierungsideen rund um die Rose

Lassen Sie erzählen …

- Mögen Sie Rosen? Was gefällt Ihnen besonders? – (Duft, Form, Farbe)
- Haben oder hatten Sie selbst Rosen in Ihrem Garten?
- Haben Sie schon einmal Rosen zu einem besonderen Anlass geschenkt bekommen? Zu welchem? – (Hochzeitstag, Geburtstag, Geburt eines Kindes)
- Wissen Sie, wie die Frucht der Heckenrose heißt? Welche Farbe hat sie? – (Die Hagebutte ist rot oder orangefarben.)
- Kennen Sie das Weihnachtslied, in dem die „Rose" vorkommt? – („Es ist ein Ros entsprungen")
- Wissen Sie, wie ein katholisches Gebet zur Verehrung der Gottesmutter Maria heißt? – (Rosenkranz)
- Kennen Sie Märchen, in denen die Rose eine wichtige Rolle spielt? – („Dornröschen", „Schneeweißchen und Rosenrot")
- Kennen Sie den Tag im Jahr, an dem sich Liebespaare oft rote Rosen schenken? – (Valentinstag, 14.2.)

Gedichte

An die Entfernte (Auszug)

Diese Rose pflück ich hier,
in der fremden Ferne;
liebes Mädchen, dir, ach dir
brächt ich sie so gerne!

Doch bis ich zu dir mag ziehn
viele weite Meilen,
ist die Rose längst dahin,
denn die Rosen eilen.

Nie soll weiter sich ins Land
Lieb von Liebe wagen,
als sich blühend in der Hand
lässt die Rose tragen.

Nikolaus Lenau (1802–1850)

Vierzeilen (Auszug)

Die Rose stand im Tau,
es waren Perlen grau.
Als Sonne sie beschienen,
wurden sie zu Rubinen.

Friedrich Rückert (1788–1866)

Lied-Tipp

Folgende Lieder können Sie – falls bekannt – gemeinsam mit den Teilnehmern singen, dazu klatschen, stampfen und passende Bewegungen machen. Alternativ oder ergänzend können Sie die Lieder von CD abspielen:

- Sah ein Knab ein Röslein stehn (Volkslied)
- Es ist ein Ros entsprungen (Weihnachtslied)
- Du bist die Rose vom Wörthersee (Schlager, 1947, Interpreten: u. a. Maria Andergast und Hans Lang)
- René Carol: Rote Rosen, rote Lippen, roter Wein (Schlager, 1952)
- Nana Mouskouri: Weiße Rosen aus Athen (Schlager, 1961)
- Hildegard Knef: Für mich soll's rote Rosen regnen (Chanson, 1968)
- Lynn Anderson: (I Never Promised You a) Rose Garden (Countrysong, 1971)

Weitere Aktivierungsideen

- Bringen Sie frische Rosen mit, an denen die Teilnehmer riechen. Achtung! Zuvor sollten Sie die Dornen entfernen.
- Bringen Sie – falls vorhanden – auch eine Rose von Jericho (Wüstenrose) mit und zeigen Sie den Teilnehmern, wie sie sich öffnet.
- Bringen Sie Rosenwasser mit und lassen Sie die Teilnehmer daran riechen.
- Verteilen Sie Vorlagen für Rosenmandalas oder Ausmalbilder mit Rosen und lassen Sie diese ausmalen.
- Falten Sie gemeinsam Rosen aus Servietten oder basteln Sie welche aus farbigem Krepppapier. Dies ist eine schöne Dekoration.

Was bin ich? – Kirsche

- Ich werde zwischen Anfang Mai und Mitte August reif, je nach Anbaugebiet.
- Ich werde in allen gemäßigten Klimazonen der Welt angebaut.
- Ich wachse an einem sommergrünen Laubbaum, der bis zu 30 Meter hoch werden kann.
- Meine Blüten gefallen den Menschen.
- Auch ich selbst bin sehr beliebt.
- Nach den Äpfeln bin ich das am häufigsten angebaute Baumobst.
- Ich bin ein Steinobst. Das heißt, ich habe einen Kern.
- Kinder klettern gern auf meinen Baum und vernaschen mich.
- Auch bei Vögeln stehe ich auf dem Speiseplan.
- Ich bin auch als Likör beliebt.
- Als Marmelade bin ich begehrt.
- Ich bin süß und sehr saftig.
- Von mir gibt es auch eine saure Version.
- Meine Farbe ist gelb oder rot bis rot-schwarz.
- Meist trete ich paarweise auf.
- Man isst mich gern erwärmt mit Vanilleeis und Waffeln.
- Es gibt über mich einen Schlager, gesungen 1956 von Peter Alexander. Er heißt „Die … in Nachbars Garten".

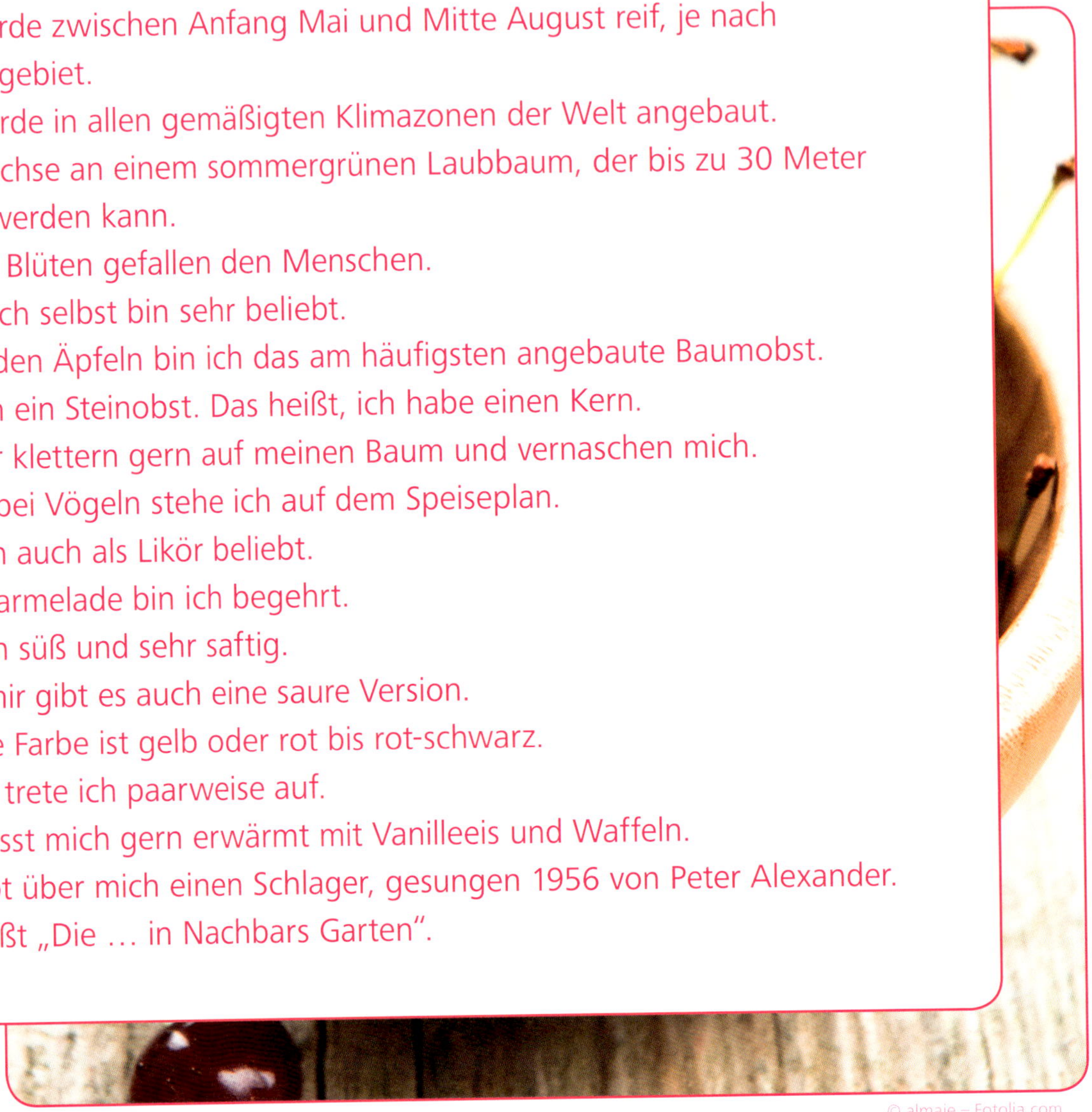

Aktivierungsideen rund um die Kirsche

Lassen Sie erzählen …

- Mögen Sie Kirschen?
- Wie essen Sie Kirschen am liebsten? – (frisch gepflückt vom Baum, in Schwarzwälder Kirschtorte, als Marmelade, erwärmt mit Vanilleeis und Waffeln, Likör, Eis [Amarena])
- Haben oder hatten Sie einen eigenen Kirschbaum im Garten?
- Erinnern Sie sich an die Erntezeit der Kirschen? Haben Sie geholfen? Wie war das?
- Haben Sie die Kirschen auch selbst verarbeitet? Wie? – (eingekocht, Kuchen, Rote Grütze, Marmelade, Likör)
- Wissen Sie, was Kinder besonders gern mit zwei Kirschen machen, die an ihren Stielen zusammen hängen? – (über die Ohrmuschel hängen als Ohrringe)
- Wer ist „die Mutter aller Süßkirschen"? – (die Vogelkirsche)
- Kennen Sie die sogenannten „Barbarazweige"? – (Anfang Dezember – am 4.12. ist Namenstag der Heiligen Barbara – schneidet man ein paar Kirschzweige ab und stellt sie in einer Vase in die Wohnung, damit sie zu Weihnachten blühen.)

Gedichte

Warum denn?

Warum ist's denn mit großen Herrn
nicht rätlich, Kirschen essen?
Weil sie vielleicht vergessen,
dass uns von Gott, dem größten Herrn,
die Früchte gleich gemessen?

Trüg einer Orden, Band und Stern,
wollt mit mir Kirschen essen, –
stracks wär ich so vermessen!
„Wie du ess ich die Kirschen gern,
lass uns zusammen essen!"

Und ließe er mir nur den Kern,
wollt's Fleisch alleine essen:
schlüg ich ihm in die Fressen!
Drum sagt, warum's mit großen Herrn
nicht rätlich, Kirschen essen?

Adolf Glaßbrenner (1810–1876)

Rote Kirschen ess ich gern, schwarze noch viel lieber.
Fahren mit der Extrapost, wenn es tausend Taler kost.
Tausend Taler ist kein Geld, wenn es meinem Schatz gefällt.
Schätzchen hier, Schätzchen da, Schätzchen in Amerika.

Volksgut

Gedicht-Tipp
Lesen Sie das Gedicht: „Lob der schwarzen Kirschen" von Anna Louisa Karsch vor.

Lied-Tipp
Folgende Lieder können Sie – falls bekannt – gemeinsam mit den Teilnehmern singen, dazu klatschen, stampfen und passende Bewegungen machen. Alternativ oder ergänzend können Sie die Lieder von CD abspielen:

- Die Kirschen in Nachbars Garten (Schlager, 1902, Interpret: u. a. Peter Alexander)
- Die süßesten Früchte fressen nur die großen Tiere (Schlager, 1952, Interpreten: u. a. Leila Negra und Peter Alexander)

Redewendungen

Mit jemandem ist nicht gut Kirschen essen.
(Jemand ist streng, autoritär und nicht sehr umgänglich.)

Jemand ist ein (freches) Früchtchen.
(Jemand ist ein frecher Junge, ein freches Mädchen.)

Weitere Aktivierungsideen

- Bringen Sie frische Kirschen mit. Falls Sie diese als Snack reichen möchten, sollten Sie sie zuvor entkernen.
- Bereiten Sie gemeinsam Rote Grütze oder Obstsalat zu oder richten Sie zusammen entsprechende Fertigprodukte für eine kleine Mahlzeit in der Runde an.

Was bin ich? – Tomate

- Ich gehöre zur Familie der Nachtschattengewächse.
- Ich bin unter anderem eng mit der Kartoffel, der Paprika und der Aubergine verwandt.
- Ich stamme ursprünglich aus Mittel- und Südamerika.
- In Europa gibt es mich auch schon lange: Erstmals wurde ich im 16. Jahrhundert in Italien beschrieben. Um 1900 war meine Gemüsefrucht auch in Deutschland bekannt.
- Im Freiland kann man mich von Juni bis August ernten.
- Meine wichtigsten Produzenten sind Italien, Spanien, Portugal und Griechenland.
- Ich bin aromatisch, saftig und schmecke nicht nur in der Sommerküche.
- Ich bin reich an einem sekundären Pflanzenstoff namens Lycopin. Der soll auch vor Sonnenbrand schützen.
- Ich bin das liebste Gemüse der Deutschen. Durchschnittlich isst hier jeder 26 Kilo pro Jahr von mir.
- Ich bestehe zu 95 Prozent aus Wasser.
- In der Sonne gereift, schmecke ich am fruchtigsten.
- Reif kennt man mich gewöhnlich in roter Farbe, unreif bin ich grün.
- Meinen heute gebräuchlichen Namen erhielt ich erst im 19. Jahrhundert. Lange wurde ich als „Liebesapfel“ oder „Goldapfel“ (ital. Pomi d'oro) bezeichnet.
- In Teilen Österreichs und Südtirol werde ich „Paradeiser“ genannt.
- Kinder lieben mich als Soße zu Nudeln.
- Wegen meiner unterschiedlichen Formen und Größen stehen vor meinem Namen verschiedene Bezeichnungen, wie z. B. Cherry, Fleisch, Dattel oder Eier.
- Die Azteken gaben mir den Namen „tomatl“.

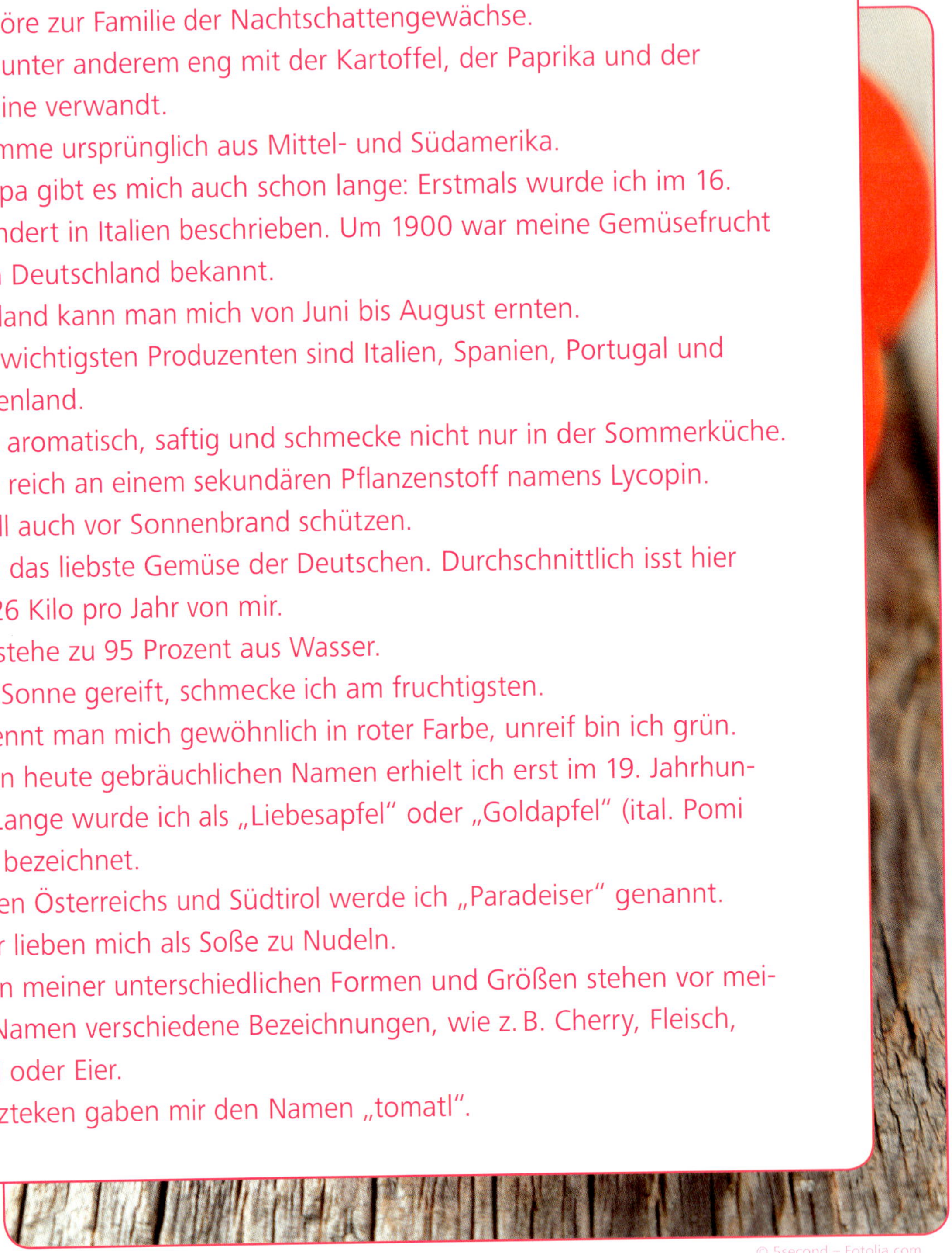

Aktivierungsideen rund um die Tomate

Lassen Sie erzählen …

- Mögen Sie Tomaten?
- Wie essen Sie Tomaten am liebsten? – (in Scheiben auf einem Butterbrot, Tomatensalat, Tomatensoße, Tomatensuppe, Pizza)
- Haben Sie Tomaten auch selbst zubereitet oder sogar haltbar gemacht? Wie? – (gedörrt, eingekocht, eingelegt)
- Haben Sie selbst im Garten Tomaten angebaut? Was gibt es dabei zu beachten? – (viel Sonne, reichlich gießen, düngen mit Brennnesseljauche oder Pferdemist)
- Wissen Sie, wie man Tomaten am besten aufbewahrt? – (an einem schattigen Ort, nicht im Kühlschrank lagern; sie verlieren so an Geschmack, Textur und Haltbarkeit)

Gedichte

Sommer

Ihr singt von schönen Frühlingstagen,
von Blütenduft und Sonnenschein,
ich will nichts nach dem Frühling fragen,
nein, Sommer, Sommer muss es sein.

Wo alles drängt und sich bereitet
auf einen goldnen Erntetag,
wo jede Frucht sich schwellt und weitet
und schenkt, was Süßes in ihr lag.

Auch ich bin eine herbe, harte,
bin eine Frucht, die langsam reift.
O Glut des Sommers, komm! Ich warte,
dass mich dein heißer Atem streift.

Gustav Falke (1853–1916)

Feldfrüchte (Auszug)

Sinnend geh ich durch den Garten,
still gedeiht er hinterm Haus;
Suppenkräuter, hundert Arten,
Bauernblumen, bunter Strauß.
Petersilie und Tomaten,
eine Bohnengalerie,
ganz besonders ist geraten
der beliebte Sellerie.

Ja, und hier –? Ein kleines Wieschen?
Da wächst in der Erde leis
das bescheidene Radieschen:
außen rot und innen weiß.

Kurt Tucholsky (1890–1935)

Redewendungen

Jemand wird rot wie eine Tomate.
(Jemand errötet aus Scham im Gesicht.)

Jemand hat Tomaten auf den Augen.
(Jemand sieht etwas Offensichtliches nicht oder will es nicht sehen.)

Jemand ist eine treulose Tomate.
(Jemand ist untreu oder hält ein Versprechen nicht ein.)

Weitere Aktivierungsideen

- Bringen Sie verschiedene Tomatensorten mit, am besten sonnengereifte. Lassen Sie die Teilnehmer an diesen riechen und sie betrachten.
- Bereiten Sie gemeinsam Tomaten mit Mozzarella, Olivenöl und Basilikum zu. Alternativ bereiten Sie das Gericht vor und essen es zusammen mit den Teilnehmern.
- Pflanzen oder säen Sie gemeinsam mit den Teilnehmern Tomatenpflanzen. Pflegen Sie diese und ernten Sie zu gegebener Zeit.
- Überlegen Sie gemeinsam, welches Gemüse und Obst noch rot ist.
  – (Gemüse: Rote Bete, Radieschen, Rotkohl, Paprika … Obst: Apfel, Kirsche, Erdbeere …)

© Verlag an der Ruhr | Autorin: Siglinde Hofmann | ISBN 978-3-8346-4134-2 | www.verlagruhr.de

Was bin ich? – Rosmarin

- Ich bin ein immergrüner, buschiger und niedriger Strauch.
- Mein Name kommt aus dem Lateinischen (lat. ros marinus) und bedeutet „Tau des Meeres".
- Ich wachse wild an den Küsten des Mittelmeeres.
- Ich dufte sehr intensiv aromatisch.
- Ich war in Deutschland Heilpflanze des Jahres 2000 und 2011.
- Ich bevorzuge sonnige, trockene und kalkreiche Standorte.
- Ich enthalte ätherische Öle.
- Aus mir wurde bereits im 16. Jahrhundert das Parfüm „königlich ungarisches Wasser" hergestellt. – (Aqua Reginae Hungariae)
- „Kölnisch Wasser" enthält nach wie vor mein Öl.
- Ich blühe das ganze Jahr, in der Regel in einem zarten Blau.
- Mein Öl hat eine erwärmende und belebende Wirkung.
- Ich werde in der Naturheilkunde als Antiseptikum, Antimykotikum (wirkt gegen durch Pilze verursachte Erkrankungen) und zur Durchblutungssteigerung eingesetzt.
- Ich repräsentiere als Symbol die Liebe. In der Antike war ich Aphrodite geweiht.
- Mich trug man zusammen mit Thymian gern als Sträußchen bei Prozessionen und Beerdigungen.
- In Deutschland trugen mich Bräute lange Zeit als Kranz, bevor Myrte dafür in Mode kam.
- Ich bin in erster Linie als Gewürz bekannt.
- Ich passe zu Fleisch und Fisch, verfeinere aber auch Beilagen.
- Eine Kartoffelbeilage aus dem Backofen mit mir ist sehr beliebt.
- Meine Blätter haben eine auffällige, nadelige Struktur und wirken bei Berührung etwas ledrig.
- Mein Name klingt fast so wie der weibliche Vorname Rosemarie.

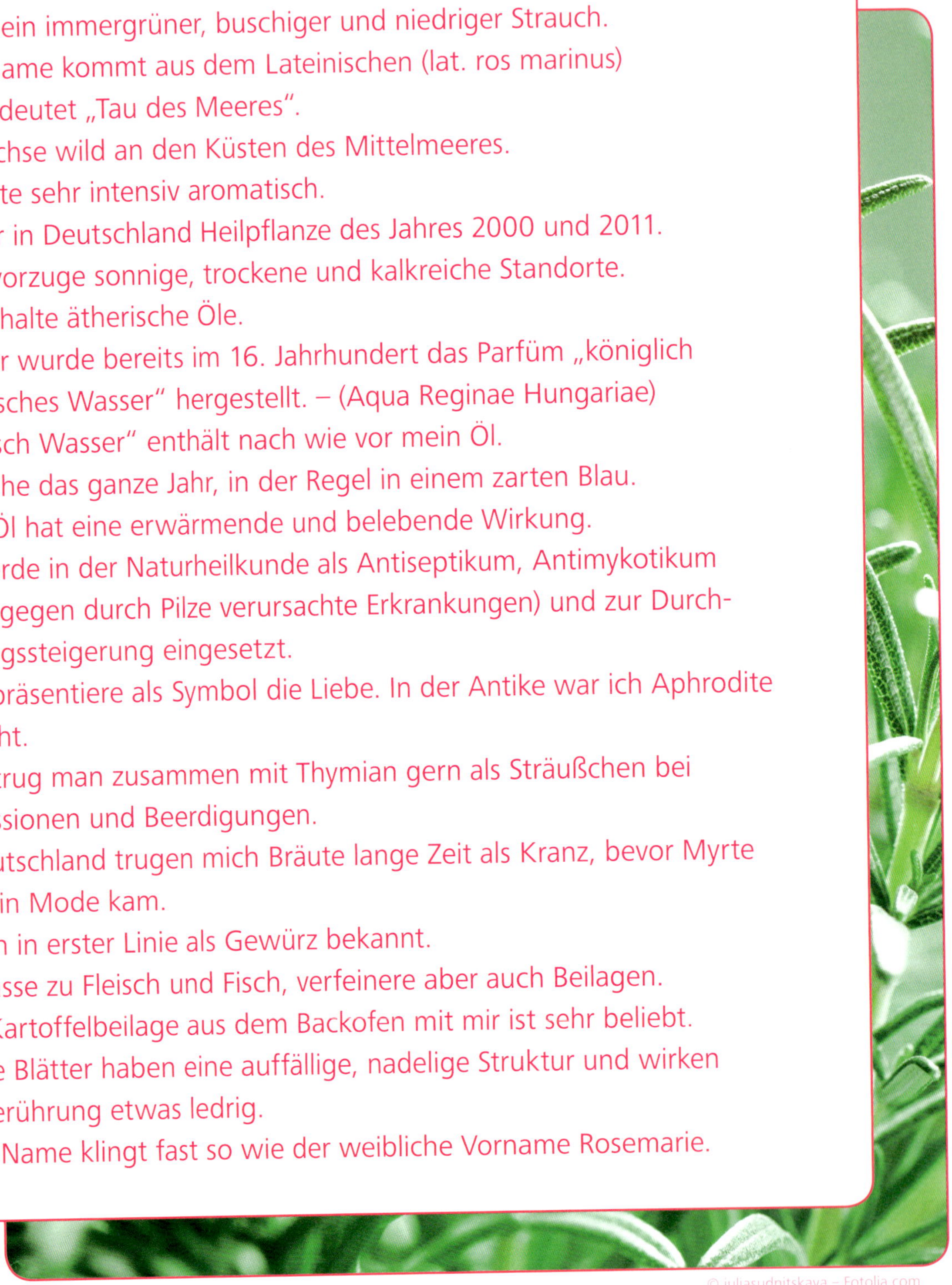

Aktivierungsideen rund um den Rosmarin

Lassen Sie erzählen …

- Mögen Sie den Duft von Rosmarin?
- Welche Gerichte mit Rosmarin schmecken Ihnen besonders? – (Rosmarinkartoffeln, Steak mit Rosmarin)
- Wie haben Sie Rosmarin noch in der Küche verwendet? – (zu Kartoffeln, Fleisch, Fisch, in Gewürzmischungen)
- Hatten Sie Rosmarin auch in Ihrem Garten oder auf dem Balkon?
- Wissen Sie, was Rosmarin als Heilkraut im Körper positiv beeinflussen kann? – (Verdauung, Herz-Kreislauf, Durchblutung, Psyche, Gedächtnis)
- Welche anderen Küchen- und Heilkräuter kennen Sie? – (z. B. Bohnenkraut, Liebstöckel, Thymian, Schnittlauch, Petersilie, Basilikum, Lavendel, Dill, Pfefferminze, Johanniskraut)
- Welche Kräuter haben Sie selbst in der Küche verwendet? Für welche Gerichte? – (z. B. Dill: Fisch, Bohnenkraut; Liebstöckel: Eintöpfe)
- Wofür haben Sie Heilkräuter in der Hausapotheke eingesetzt? – (Salbeitee: Halsschmerzen, Kamillentee: Bauchweh, Kümmel-Fenchel-Anis-Tee: Verdauungsbeschwerden)
- Wissen Sie, warum Rosmarin im Volksmund auch „Brautkraut" genannt wird? – (Er wurde früher als Hochzeitsschmuck getragen. Das wird heute wieder modern.)

Gedichte

Am Bache

An des Baches Felsenmauern
spielt des Farrenkrautes Grün;
nach den langen Regenschauern
wieder neu die Blumen blühn.
Hold erglänzt die Gundelrebe
Brombeerblüt' und Rosmarin;
aber dem ich's gerne gäbe,
in die Fremde zog er hin.

Meine Blumen will ich fragen,
meine Blumen sagen ja;
wenn die Bäume Früchte tragen,
ist dein Liebster wieder da.

Ed. Paulus.

Arm Kräutchen

Ein Sauerampfer auf dem Damm
stand zwischen Bahngeleisen,
sachte vor jedem D-Zug stramm,
sah viele Menschen reisen.

Und stand verstaubt und schluckte Qualm,
schwindsüchtig und verloren,
ein armes Kraut, ein schwacher Halm,
mit Augen, Herz und Ohren.

Sah Züge schwinden, Züge nahn.
Der arme Sauerampfer
sah Eisenbahn um Eisenbahn,
sah niemals einen Dampfer.

Joachim Ringelnatz (1883–1934)

Lied-Tipp
Das Volkslied „Petersilie, Suppenkraut" können Sie – falls bekannt – gemeinsam mit den Teilnehmern singen, dazu klatschen, stampfen und passende Bewegungen machen.

Redewendungen

Dagegen ist kein Kraut gewachsen.
(Es gibt für etwas keine Lösung oder kein Heilmittel.)

Etwas sieht aus wie Kraut und Rüben.
(Etwas ist sehr unordentlich und chaotisch.)

Etwas schießt ins Kraut.
(Etwas wächst, verbreitet oder nimmt so schnell zu, dass der Ertrag gering ist.)

Weitere Aktivierungsideen

- Bringen Sie neben Rosmarin auch verschiedene andere (Küchen-)Kräuter mit in die Runde. Lassen Sie diese betrachten, daran riechen und erraten.
- Pflanzen Sie gemeinsam Küchenkräuter in ein Hochbeet oder Blumenkästen.
- Trocknen Sie frischen Rosmarin, den Sie als Tee zubereiten. Rosmarintee wirkt anregend und kann als Alternative zu Kaffee verwendet werden.
- Geben Sie ätherisches Rosmarinöl in eine elektrische Duftlampe.

Was bin ich? – Ball

- Man kannte mich schon in der Antike.
- Ich bin in der ganzen Welt sehr beliebt.
- Jung und Alt benutzen mich.
- Schon Säuglinge mögen mich.
- Ich bin ein Spiel- und Sportgerät.
- Für mich wurden unzählige Spiel- und Sportarten erfunden.
- Manche davon werden mit Hilfsmitteln gespielt. – (z. B. Tennis, Golf, Minigolf)
- Ich kann hart oder weich sein, bunt oder einfarbig.
- Ich bestehe aus unterschiedlichen Materialien: von Gummi über Stoff bis Plastik.
- Ich bin der Mittelpunkt mehrerer beliebter Mannschaftsspiele. – (z. B. Fußball, Handball, Volleyball, Basketball, Völkerball)
- Ich werde geworfen, gefangen, geschossen und geschlagen.
- Meistens bin ich rund, manchmal auch oval. – (American Football)
- Ich bestehe meist aus einer mit Luft gefüllten Hülle, die durch Aufpumpen auf einen bestimmten Druck ihre Form erhält.
- Für ein besonders beliebtes Spiel bin ich meist schwarz-weiß.
- Klassisch bestehe ich dafür aus Leder.

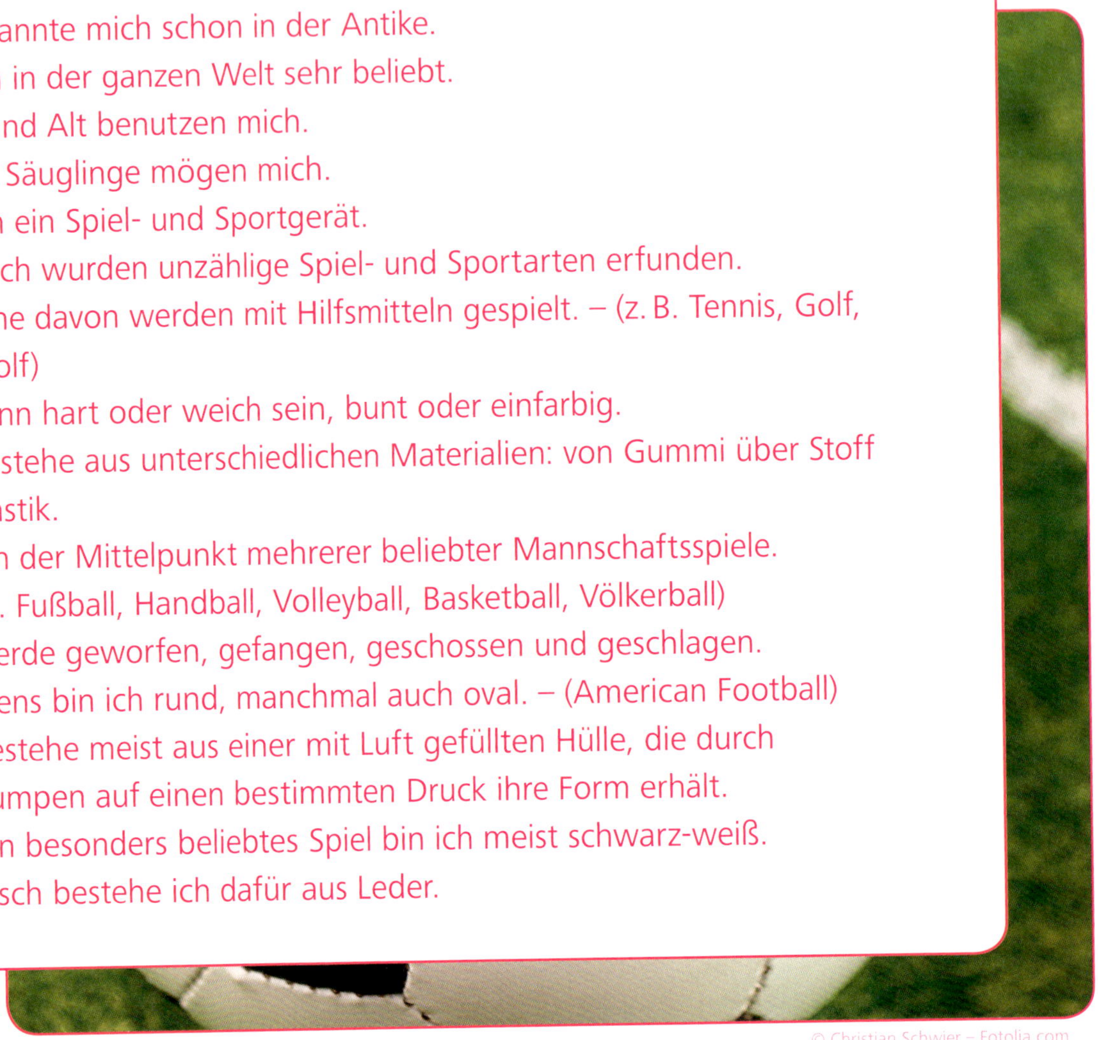

Aktivierungsideen rund um den Ball

Lassen Sie erzählen ...

- Mögen Sie Sportarten und Spiele mit Ball?
- Welche Ballsportarten kennen Sie? – (z. B. Volleyball, Handball, Tennis, Basketball, Squash, Fußball, Völkerball, Wasserball, Tischtennis)
- Haben Sie selbst eine dieser Ballsportarten oder eine andere betrieben?
- Im Verein oder mit Freunden auf der Straße? Vielleicht mit Ihren Kindern? Wie war das?
- Fiebern Sie mit einem Fußballverein mit? Mit welchem?
- Haben Sie Spiele „Ihres" Vereins im Fußballstadion besucht? Was war daran besonders?
- Verfolgen Sie auch die Spiele der deutschen Fußballnationalmannschaft?
- Fiebern Sie bei großen Turnieren, wie bei Europa- und Weltmeisterschaften, mit?
- Oder sind Sie vielleicht mehr von Tennis begeistert?
- Schauen Sie sich Tennisturniere im Fernsehen an?
- Erinnern Sie sich an besondere Erlebnisse mit einem Ball? – (z. B. zerbrochene Fensterscheibe, besonderes Fußballspiel, das erste Ballspiel mit dem eigenen Kind)
- Das Wort „Ball" hat noch eine andere Bedeutung. Kennen Sie diese? – (Tanzball)
- Haben Sie Erinnerungen an einen besonderen Tanzball? Welche? – (z. B. Abschlussball der Tanzschule, Opernball)

Gedicht

Mein Springball

Seht meinen Ball mal an!
Seht, wie er springen kann!
Ich werf ihn nieder,
er hebt sich wieder.
Seht, wie er springt,
empor sich schwingt!
Und wenn er nicht mehr springen will,
und endlich liegt auf dem Boden still,
dann hol ich ihn wieder
und werf ihn nieder:
Seht meinen Ball mal an!
Seht, wie er springen kann!
Hopp hopp ho!
Springt auch mal so!

August Heinrich Hoffmann von Fallersleben (1798–1874)

Lied-Tipp

Folgende Lieder können Sie – falls bekannt – gemeinsam mit den Teilnehmern singen, dazu klatschen, stampfen und passende Bewegungen machen. Alternativ oder ergänzend können Sie die Lieder von CD abspielen:

- Wencke Myhre: Er steht im Tor (Schlager, 1969)
- Deutsche Fußballnationalmannschaft: Fußball ist unser Leben (WM-Lied, 1974)

Redewendungen

Jemand bleibt am Ball.
(Jemand bleibt an etwas dran und lässt nicht locker.)

Jemand hält den Ball flach.
(Jemand hält sich zurück und geht kein unnötiges Risiko ein.)

Zwei spielen sich die Bälle zu.
(Zwei unterstützen und begünstigen sich gegenseitig im Gespräch oder in der Diskussion.)

Weitere Aktivierungsideen

- Bringen Sie verschiedene Bälle mit (z. B. Tennisball, Fußball, Tischtennisball, Wasserball, Flummi, Luftballon). Lassen Sie die Teilnehmer die unterschiedlichen Materialien befühlen. Werfen oder rollen Sie sich die Bälle, je nach motorischen Möglichkeiten, über den Tisch zu.
- Lassen Sie die Teilnehmer Tischtennisbälle in einen Korb in der Tischmitte werfen oder die Bälle über den Tisch springen.
- Bringen Sie Igelbälle mit, bieten Sie den Teilnehmern eine Rückenmassage damit an oder regen Sie an, sich gegenseitig den Rücken zu massieren. Beachten Sie dabei unbedingt die persönlichen Grenzen aller Teilnehmer!
- Stellen Sie mit feinmotorisch fitten Teilnehmern gemeinsam Pompons aus Wolle und Pappscheiben her.

Was bin ich? – Ring

- Ich bin ein Wertgegenstand.
- Es gibt mich in allen Kulturen.
- Es gibt mich seit mindestens 21.000 Jahren.
- Ich diente auch als Tausch- und Zahlungsmittel, bevor es Münzgeld gab.
- Ursprünglich wurde ich aus Knochen, Holz, Stein (Bernstein), später auch aus Bronze, Eisen, Edelmetallen und Glas hergestellt.
- Ich habe unterschiedliche, meist sehr wichtige Bedeutungen.
- Ich kann ein Macht- und Würdezeichen sein.
- Ich werde unter anderem als Wertanlage gesammelt.
- Es gibt viele Märchen und Erzählungen, in denen ich eine Rolle spiele. – („Rumpelstilzchen", „Die sieben Raben")
- Es gibt viele verschiedene Varianten von mir für unterschiedliche Anlässe. – (z. B. Verlobung, Hochzeit, Freundschaft, Fingerrosenkranz, Modeschmuck, kulturelle Zugehörigkeit, Ring des Papstes)
- Ich symbolisiere Unendlichkeit und Beständigkeit.
- Ich gehöre seit dem 13. Jahrhundert fest zum kirchlichen Trauritus.
- Ich bin ein kreisförmiges Schmuckstück.
- Ich verziere Hände, Ohren und sogar Nasen und Bauchnabel.
- Ich werde als Zeichen der Liebe und Treue bei der Eheschließung getauscht.

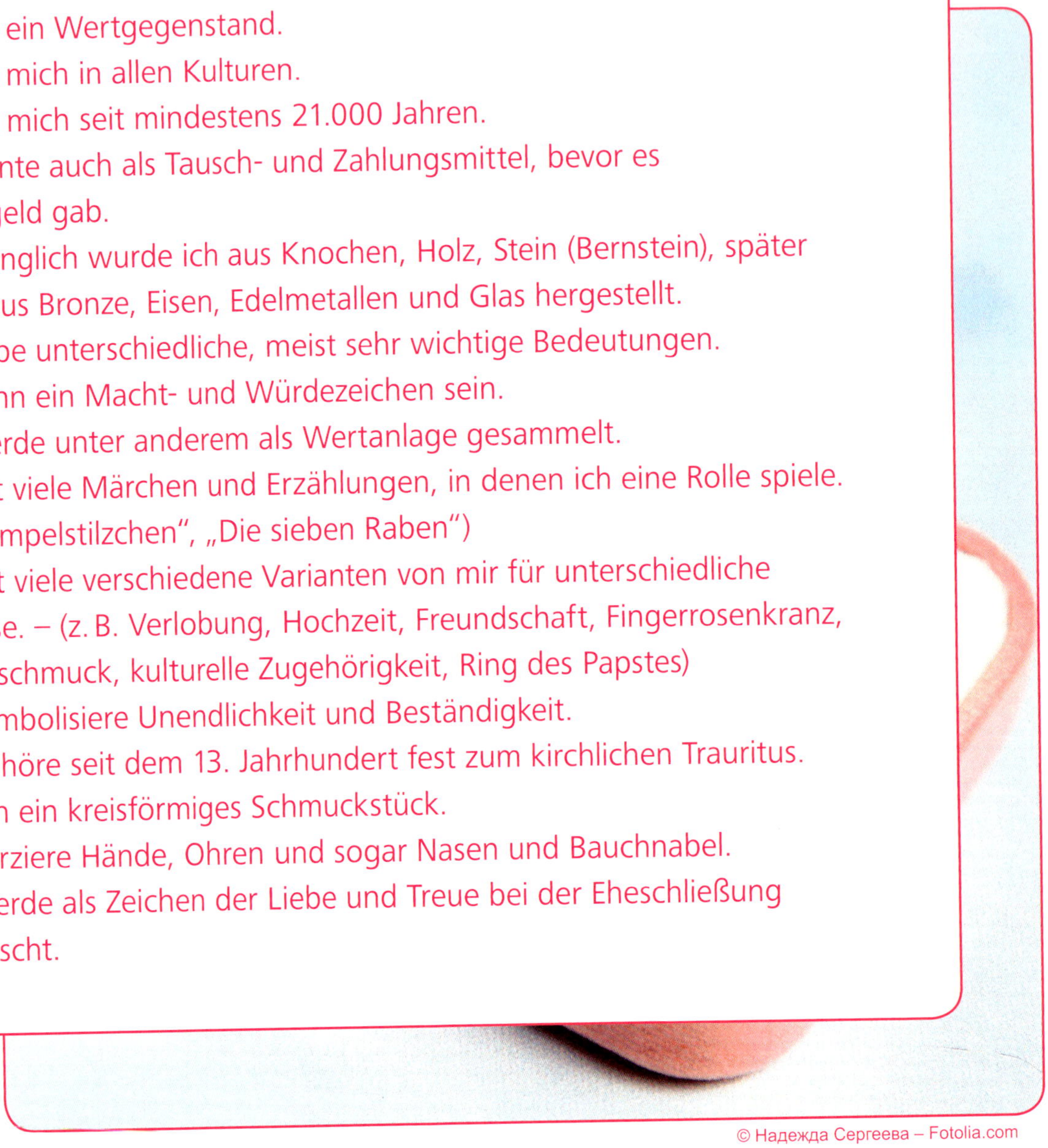

Aktivierungsideen rund um den Ring

Lassen Sie erzählen ...

- Tragen Sie einen oder mehrere Ringe?
- Falls Sie erzählen mögen: Welche Bedeutung haben diese Stücke für Sie? – (z. B. Ehering, Verlobungsring, Siegelring, Erbstück, Geschenk von einem besonderen Menschen)
- Erinnern Sie sich gern an all die Geschichten um die Schmuckstücke? – (z. B. erste Liebe, Heiratsantrag, Verlobung, Hochzeit, Familienmitglieder)
- An welcher Hand und welchem Finger tragen Sie Ihren Ring bzw. Ihre Ringe?
- Wissen Sie, an welcher Hand und welchem Finger klassischerweise der Trauring getragen wird? – (am Ringfinger: in den meisten EU-Ländern an der linken Hand, in Deutschland und Österreich jedoch rechts)
- Haben Sie selbst einen Ring an jüngere Familienmitglieder weitergegeben/weitervererbt? Zu welchem Anlass? – (z. B. Volljährigkeit, Übernahme des Betriebes, Hochzeit, Geburt eines Kindes)
- Tragen Sie echten Schmuck?
- Mögen Sie auch Modeschmuck?
- Tragen Sie lieber Gold- oder Silberschmuck? Oder gar beides? Gibt es dafür einen Grund?
- Wie bewahren Sie Ihren Schmuck auf? – (z. B. in einer Schmuckschatulle, in einer Schale, auf einem Schmuckständer)

Gedichte

Die Liebe war nicht geringe

Die Liebe war nicht geringe.
Sie wurden ordentlich blass;
sie sagten sich tausend Dinge
und wussten noch immer was.

Sie mussten sich lange quälen.
Doch schließlich kam's dazu,
dass sie sich konnten vermählen.
Jetzt haben die Seelen Ruh.

Bei eines Strumpfes Bereitung
sitzt sie im Morgenhabit;
er liest in der Kölnischen Zeitung
und teilt ihr das Nötige mit.

Wilhelm Busch (1832–1908)

Ich liebe dich

Ich liebe dich, weil ich dich lieben muss;
ich liebe dich, weil ich nichts anders kann;
ich liebe dich nach einem Himmelschluss;
ich liebe dich durch einen Zauberbann.

Dich lieb ich, wie die Rose ihren Strauch;
dich lieb ich, wie die Sonne ihren Schein;
dich lieb ich, weil du bist mein Lebenshauch;
dich lieb ich, weil dich lieben ist mein Sein.

Friedrich Rückert (1788–1866)

Lied-Tipp

Folgende Lieder können Sie – falls bekannt – gemeinsam mit den Teilnehmern singen, dazu klatschen, stampfen und passende Bewegungen machen. Alternativ oder ergänzend können Sie die Lieder von CD abspielen:

- Hei, heute Morgen mach ich Hochzeit (aus dem Musical „My Fair Lady", 1961)
- Drafi Deutscher: Marmor, Stein und Eisen bricht (Schlager, 1965)
- Roy Black: Ganz in Weiß (Schlager, 1966)
- Marianne Rosenberg: Er gehört zu mir (Schlager, 1975)

Weitere Aktivierungsideen

- Bringen Sie verschiedene Ringe mit (z. B. Schlüsselring, Serviettenring, Unterlegscheibe). Lassen Sie die Teilnehmer die Gegenstände betrachten, befühlen und benennen. Zeigen Sie auch klassische Fingerringe. Besonders geeignet dafür ist eine Ringschatulle, auch um zu vermeiden, dass Stücke abhandenkommen.
- Basteln Sie gemeinsam mit den Teilnehmern aus Goldpapier ineinander verschlungene Ringe. Nutzen Sie diese eventuell als Dekoration.
- Lesen Sie den Bibeltext „Das Hohelied der Liebe" (1. Korinther, 13,1–13) vor, z. B. zum Abschluss der Runde.
- Lesen Sie Märchen vor, in denen ein Ring eine Rolle spielt, z. B. „Die sieben Raben" oder „Rumpelstilzchen". Im Internet sind Kurzfassungen zu finden.
- Schauen Sie mit orientierten Teilnehmern das Musical „My Fair Lady" auf DVD an.

© sergeka – Fotolia.com

Was bin ich? – Schallplatte

- Die erste meiner Art wurde Ende des 19. Jahrhunderts erfunden. Sie bestand aus Wachs. – (Sie wurde 1880 vom US-amerikanischen Physiker Charles Sumner Tainter entwickelt.)
- Ich wurde weiterentwickelt und bestehe heute nach vielen Experimenten in der Regel aus synthetischem Kunststoff.
- Mein späterer Erfolg ist der Verdienst des Deutschen Emil Berliner.
- Es gab spezielle Fabriken, in denen ich hergestellt wurde.
- Ich bin schwarz.
- Meine Form ist rund.
- Auf meiner Oberfläche sind Schallschwingungen gespeichert.
- Mithilfe einer feinen Nadel werden die Schallschwingungen hörbar gemacht.
- Ich bin ein Tonträger zur Konservierung von Musikstücken.
- Um mich verwenden zu können, braucht man ein Abspielgerät. – (Grammofon, Schallplattenspieler)
- Die Nadel, die mir Musik entlockt, knistert und rauscht manchmal und ab und zu hüpft sie auch, wenn ich einen Kratzer habe.
- Mein Durchbruch kam, als ich aus Schellack produziert wurde.
- Sehr beliebt waren anfänglich die Musikrichtungen Swing und Jazz.
- Seit ich aus Vinyl (PVC) bestehe (ab 1958), habe ich eine nahezu unbegrenzte Haltbarkeit.
- Meine kleinere Version nennt man „Singles".
- Die Singles wurden in einem großen elektronischen Gerät auf einer Abwurfsäule gestapelt, nacheinander abgeworfen und gespielt. – (Jukebox, Musikbox)
- Es gibt mich auch als Maxisingle und Langspielplatte.
- Als andere Tonträger, wie die CD (Compact Disc), auf den Markt kamen, verschwand ich eine Zeit lang, mittlerweile bin ich wieder in Mode.

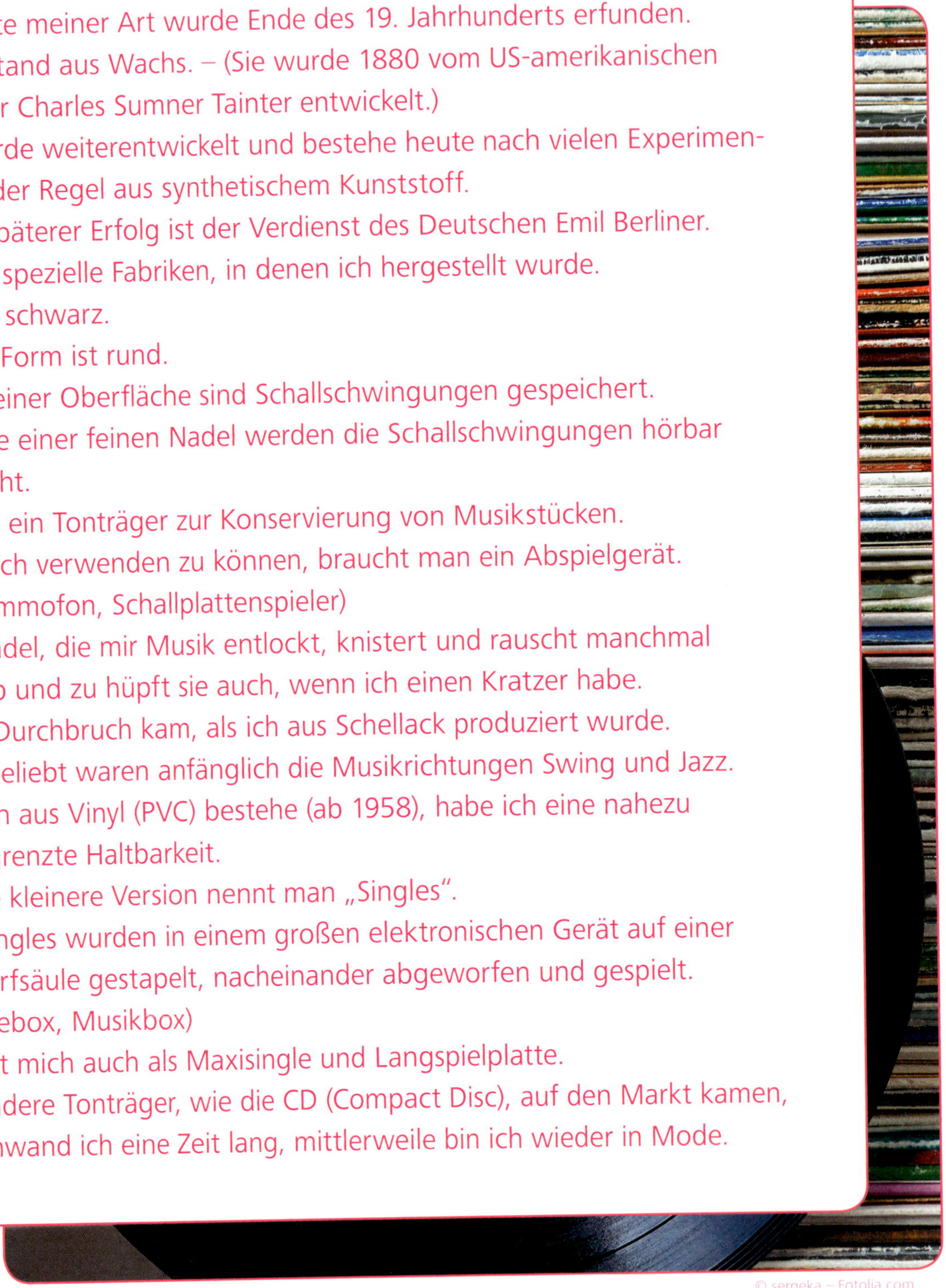

Aktivierungsideen rund um die Schallplatte

Lassen Sie erzählen …

- Hatten Sie selbst einen Schallplattenspieler (oder ein Grammofon)?
- Welche Schallplatten haben Sie am liebsten abgespielt? Welche Musikrichtung und welche Interpreten?
- Mit wem hörten Sie am liebsten Ihre Platten an? – (z. B. allein, mit der Familie, mit Besuch)
- Kam der Plattenspieler auch bei Festen und anderen Anlässen zum Einsatz?
- Welche Musik haben Sie zu diesen Anlässen aufgelegt?
- Haben Sie Schallplatten gesammelt?
- Haben Sie auch gern zu Musik getanzt? Welche Tänze? – (z. B. Discofox, Rock'n'Roll, Salsa, Tango, Freestyle)
- Kennen Sie weitere Tänze? – (z. B. Foxtrott, Zwiefacher, Rumba, Samba, Salsa, Walzer, Jive, Rock'n'Roll, Polka, langsamer Walzer, Charleston)
- Wohin gingen Sie in der Jugend zum Tanzen? – (z. B. Weinfest, Jahrmarkt, Kirchweih)
- Welche zusammengesetzten Wörter mit „Platte" kennen Sie? – (Arbeitsplatte, Glasplatte, Plattenspieler, Herdplatte, Marmorplatte, Tischplatte, Wurstplatte, Seenplatte, Plattenbau)

Gedicht

Vor der Schallplatte eine Katze

Können Töne kratzen?
Können Kratzer tönen?

Frage doch die schönen
Katzen.

Hörtest sonderbares
Kinderweinen in der Nacht.
Hast das Fenster aufgemacht.
Und? – Die Katze war es.

Kann das Ohr sich täuschen
wie der Blick.

Plötzlich: Aus Geräuschen
wird Musik.

Welche Laute stören?
Welche siegen unbedingt?

Was wohl Katzen hören,
wenn Caruso singt?

Über kurz od über lang
werden sie sich finden,
künstlerisch verbinden:
Katzmiau und Menschensang.

Joachim Ringelnatz (1883–1934)

Redewendungen

Jemand tanzt auf zwei Hochzeiten.
(Jemand nimmt an zwei Veranstaltungen teil.)

Jemand tanzt aus der Reihe.
(Jemand passt sich nicht an oder möchte etwas nicht mittragen.)

Ist die Katze aus dem Haus, tanzen die Mäuse auf dem Tisch.
(Wenn der Chef weg ist, hält sich keiner an eine Regel.)

Weitere Aktivierungsideen

- Bringen Sie einen Schallplattenspieler und Schallplatten mit. Hören Sie diese gemeinsam an. Singen, klatschen und bewegen Sie sich dazu.
- Befragen Sie die Teilnehmer nach ihrer Lieblingsmusik, den favorisierten Interpreten und Schallplatten. Bringen Sie, falls möglich, eine Auswahl zum gemeinsamen Anhören mit.
- Veranstalten Sie einen Sitztanz mit den Teilnehmern.
- Organisieren Sie gemeinsam mit den Teilnehmern einen Tanztee. Gestalten Sie dafür auch passende Einladungskarten.

© Verlag an der Ruhr | Autorin: Siglinde Hofmann | ISBN 978-3-8346-4134-2 | www.verlagruhr.de

Was bin ich? – Muschel

- Ich bin ein Weichtier.
- Von mir gibt es weltweit rund 10 000 Arten.
- Ich werde seit über 100 000 Jahren von Menschen gegessen.
- Ich gehöre zu den beliebtesten Delikatessen aus dem Meer.
- Meine Lebenserwartung beträgt zwischen einem und 500 Jahren.
- Ich lebe im Salzwasser, Süßwasser und Brackwasser.
- Unter Wasser bin ich meist im Boden eingegraben. Manchmal klebe ich auch an Felsen. – (Miesmuscheln)
- Ich fresse Plankton und andere Schwebstoffe, die ich mit meinen Kiemen aus dem Wasser filtern kann. Nebenbei reinige ich so das Gewässer.
- Verwandte von mir sind die Schnecken. Ich habe wie manche von ihnen ein stabiles Gehäuse. Das nennt man „Schale".
- Aus meiner Schale wurde früher eine Art primitives Geld hergestellt, das als Zahlungsmittel verwendet wurde.
- In manchen Kulturen bin ich heute noch ein Zahlungsmittel in traditionellen und rituellen Zusammenhängen. – (Brautpreis, Begräbnis)
- Die Innenfläche meiner Schale besteht manchmal aus regenbogenfarbig schillerndem Perlmutt.
- Meine Schale dient zur Schmuckherstellung. – (Halsketten, Armbänder, Zierknöpfe)
- Als Nahrungsmittel werde ich heute künstlich auf Bänken gezüchtet. – (Austern und Miesmuscheln: wichtiges Gewerbe an Küsten)
- Selten findet man in mir eine Perle.
- Ich kann im Meer schwimmen, indem ich meine Schalen schnell auf- und zuklappe.
- Touristen kennen meine Schale vor allem als Mitbringsel vom Strand.
- Es heißt, in meiner Schale könne man das Meeresrauschen hören.

Aktivierungsideen rund um die Muschel

Lassen Sie erzählen ...

- Haben Sie schon einmal Muscheln gesammelt? Wo war das? – (z. B. im Urlaub an Nord- oder Ostsee)
- Welche Muscheln gefallen Ihnen besonders gut? – (Herzmuschel, Jakobsmuschel, Miesmuschel, Austern, Venusmuschel)
- Was haben Sie mit den Muscheln anschließend zu Hause gemacht? – (z. B. verschenkt, im Glas gesammelt, mit den Kindern Muschelbilder oder Ketten gebastelt)
- Essen Sie gern Muscheln? Wo haben Sie sie schon gegessen?
- Kennen Sie weitere Meeresfrüchte? – (Garnelen, Wasserschnecken, Tintenfische, Krabben, Langusten, Hummer)
- Besitzen Sie auch Gegenstände aus Perlmutt? Welche? – (z. B. Hemdknöpfe, Griffe von Haushaltsgegenständen, Kamm, Kette, Ohrringe, Löffel, Möbelverzierungen)
- Haben Sie vielleicht auch Perlen in Form von Ohrringen oder einer Kette?
- Haben Sie Ihre Perlen geschenkt bekommen, geerbt oder selbst gekauft?
- Wissen Sie, wie eine Perle in der Muschel entsteht? – (Es ist eine Schutzreaktion der Muschel gegen einen Fremdkörper oder eine Verletzung, den oder die sie abkapselt.)
- Kennen Sie den Ölkonzern, der viele Tankstellen betreibt, der eine Muschel im Logo hat? – (Shell)

Gedicht

Wir gehen am Meer im tiefen Sand

Wir gehen am Meer im tiefen Sand,
die Schritte schwer und Hand in Hand.
Das Meer geht ungeheuer mit,
wir werden kleiner mit jedem Schritt.
Wir werden endlich winzig klein
und treten in eine Muschel ein.
Hier wollen wir tief wie Perlen ruhn,
und werden stets schöner wie die Perlen tun.

Max Dauthendey (1867–1918)

Lied-Tipp

Folgende Lieder können Sie – falls bekannt – gemeinsam mit den Teilnehmern singen, dazu klatschen, stampfen und passende Bewegungen machen. Alternativ oder ergänzend können Sie die Lieder von CD abspielen:

- Nun ade, du mein lieb Heimatland (Wanderlied)
- Wenn jemand eine Reise tut (Wanderlied)
- Freddy Quinn: Junge, komm bald wieder (Schlager, 1962)
- Bata Illic: Ich hab noch Sand in den Schuhen aus Hawaii (Schlager, 1975)
- Rod Stewart: Sailing (Popsong, 1975)

Redewendungen

Jemand wirft Perlen vor die Säue.
(Jemand verschwendet etwas.)

Du bist eine Perle!
(Du bist nicht ersetzbar und ein wertvoller Mensch.)

Harte Schale, weicher Kern!
(die Beschreibung eines Charakterzuges: Jemand ist nach außen robust, innerlich jedoch empfindsam.)

Weitere Aktivierungsideen

- Bringen Sie unterschiedliche Muscheln mit. Lassen Sie die Senioren diese anschauen und befühlen.
- Basteln Sie gemeinsam mit den Teilnehmern ein Mobile aus Muscheln und fädeln Sie dazu Perlen auf.
- Stellen Sie ein Muschel-Memo-Spiel her: je zwei sehr ähnliche Muscheln auf Bierdeckel kleben.
- Machen Sie mit den Teilnehmern einen Sitztanz auf einen Sommerhit, z. B. „Itsy Bitsy Teenie Weenie Yellow Polka Dot Bikini“ (Paul Vance und Lee Pockriss, 1960).

Herbst

Herbst

Der schöne Sommer ging von hinnen,
der Herbst, der reiche, zog ins Land.
Nun weben all die guten Spinnen
so manches feine Festgewand.

Sie weben zu des Tages Feier
mit kunstgeübtem Hinterbein
ganz allerliebste Elfenschleier
als Schmuck für Wiese, Flur und Hain.

Ja, tausend Silberfäden geben
dem Winde sie zum leichten Spiel,
die ziehen sanft dahin und schweben
ans unbewusst bestimmte Ziel.

Sie ziehen in das Wunderländchen,
wo Liebe scheu im Anbeginn,
und leis verknüpft ein zartes Bändchen
den Schäfer mit der Schäferin.

Wilhelm Busch (1832–1908)

© Verlag an der Ruhr | Autorin: Siglinde Hofmann | ISBN 978-3-8346-4134-2 | www.verlagruhr.de

Was bin ich? – Sonnenblume

- Ich blühe von Juni bis Oktober.
- Ich bewachse ganze Felder.
- Ich habe einen stabilen, rohrartigen Stängel.
- Ich lebe nur einen Sommer lang.
- Ich werde ein bis zwei Meter hoch.
- In meinem Blütenkopf stecken Kerne, die zu Öl und Margarine verarbeitet werden.
- Meine Kerne werden seit dem 17. Jahrhundert für Backwaren, als Ersatz für Kaffee oder Trinkschokolade geröstet.
- Mittlerweile werden meine Kerne auch als Snack verzehrt oder Salate damit garniert.
- Auch Vögel lieben meine Kerne.
- Ich habe große, gelbe Blütenblätter.
- Ich drehe meinen Blütenkopf immer nach der Sonne.
- Meine Blüte ist sehr groß und sieht aus wie eine Sonne. – (Durchmesser 10 bis 40 Zentimeter)

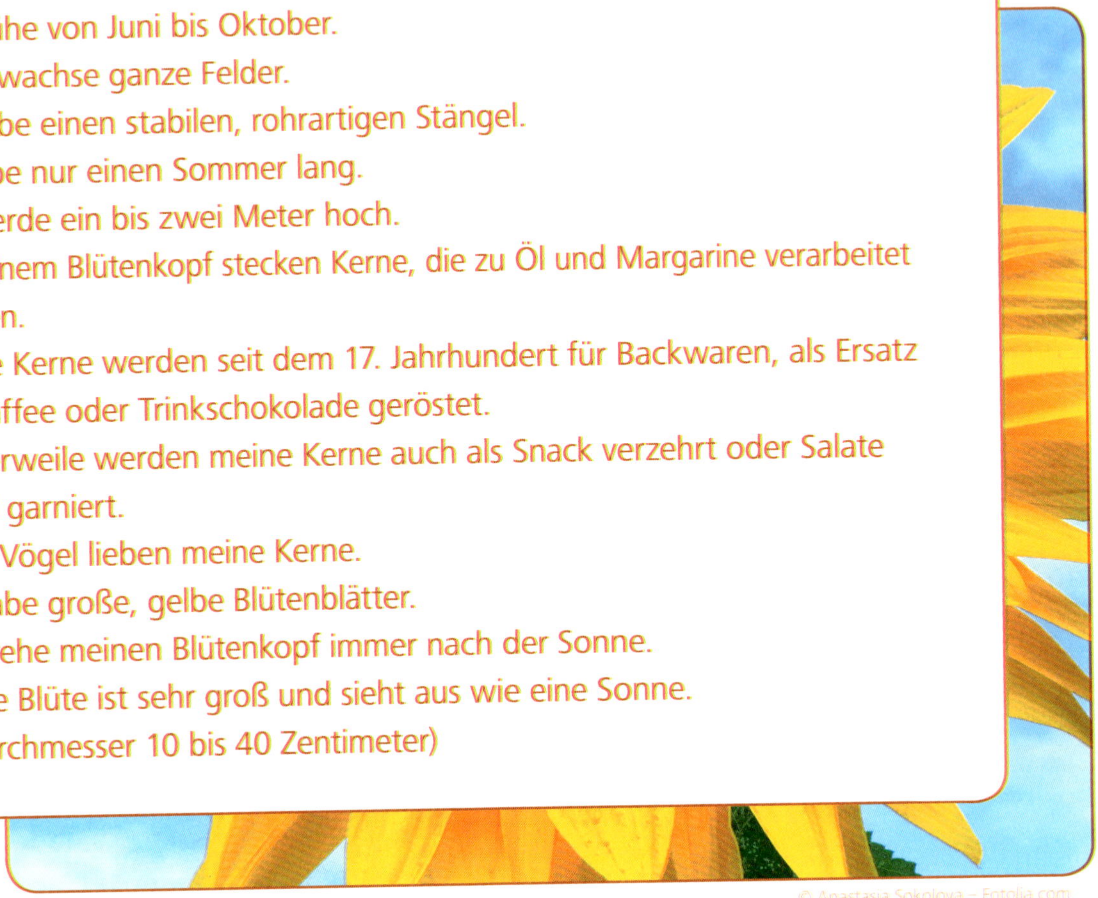

Aktivierungsideen rund um die Sonnenblume

Lassen Sie erzählen ...

- Wie gefallen Ihnen Sonnenblumen?
- Hatten Sie auch welche in Ihrem Garten? Oder wuchs vielleicht ein Sonnenblumenfeld in Ihrer Nähe?
- Mögen Sie Sonnenblumen auch als Schnittblume im Haus? Was muss man da beachten? – (nicht in die direkte Sonne stellen, Wasser regelmäßig wechseln, Stiele anschneiden)
- Sind oder waren Sonnenblumen auf Ihren Alltagsgegenständen abgebildet? – (z. B. Kleid, Schmuck, Bild [z. B. Vincent van Gogh: Zwölf Sonnenblumen], Tischdecke, Geschirr)
- Haben Sie Sonnenblumenöl in der Küche verwendet? Wofür? – (braten, kochen, backen, für Salatdressing)
- Kennen Sie auch andere Verwendungsmöglichkeiten für Sonnenblumenöl? – (Lederpflege, Wundbehandlung, Hilfe bei Verstopfung, Biokraftstoff)
- Welche Speiseöle kennen Sie noch? – (z. B. Kürbiskernöl, Leinöl, Distelöl, Olivenöl, Rapsöl)
- Fallen Ihnen Redensarten mit „Sonne" ein? – (z. B. Jemand steht auf der Sonnenseite des Lebens. Etwas ist sonnenklar. Jemand tankt Sonne.)
- Welche zusammengesetzten Wörter mit „Sonne" kennen Sie? – (z. B. Sonnenhut, Sonnenschirm, Sonnenbrille, Sonnencreme, Sonnenbank, Tropensonne)

Gedichte

Ein Blümlein hübsch und fein

Sie war ein Blümlein hübsch und fein,
hell aufgeblüht im Sonnenschein.
Er war ein junger Schmetterling,
der selig an der Blume hing.

Oft kam ein Bienlein mit Gebrumm
und nascht und säuselt da herum.
Oft kroch ein Käfer kribbelkrab
am hübschen Blümlein auf und ab.
Ach Gott, wie das dem Schmetterling
so schmerzlich durch die Seele ging.

Doch was am meisten ihn entsetzt,
das Allerschlimmste kam zuletzt.
Ein alter Esel fraß die ganze
von ihm so heiß geliebte Pflanze.

Wilhelm Busch (1832–1908)

Immer wieder

Der Winter ging, der Sommer kam.
Er bringt aufs Neue wieder
den vielbeliebten Wunderkram
der Blumen und der Lieder.

Wie das so wechselt Jahr um Jahr,
betracht ich fast mit Sorgen.
Was lebte, starb, was ist, es war,
und heute wird zu morgen.

Stets muss die Bildnerin Natur
den alten Ton benützen,
in Haus und Garten, Wald und Flur
zu ihren neuen Skizzen.

Wilhelm Busch (1832–1908)

Lied-Tipp
Folgende Lieder können Sie – falls bekannt – gemeinsam mit den Teilnehmern singen, dazu klatschen, stampfen und passende Bewegungen machen. Alternativ oder ergänzend können Sie die Lieder von CD abspielen:
- Udo Jürgens: Immer wieder geht die Sonne auf (Schlager, 1967)
- Udo Jürgens: Zeig mir den Platz an der Sonne (Schlager, 1971)
- Wind: Lass die Sonne in dein Herz (deutscher Beitrag Eurovision Song Contest, 1987)

Zitat

Die Sonne ist die Universalarznei aus der Himmelsapotheke.
August von Kotzebue (1761–1819)

Weitere Aktivierungsideen

- Säen Sie gemeinsam Sonnenblumenkerne in Töpfen aus und ziehen Sie sie groß.
- Bringen Sie Sonnenblumenkerne mit und bieten Sie sie als gesunden Snack an.
- Bringen Sie noch andere Kerne (z. B. Pinienkerne, Kürbiskerne) mit. Lassen Sie die Teilnehmer die Kerne bestimmen und dann knabbern.
- Bringen Sie Malvorlagen oder Mandalas mit Sonnenblumen für die Teilnehmer mit und lassen Sie diese ausmalen.

Was bin ich? – Traube

- Die sommergrüne Kletterpflanze, an der ich wachse, gehört zu den ältesten Kulturpflanzen der Menschheit.
- Sie kann bis zu 60 Jahre alt werden.
- Von mir gibt es 16 000 verschiedene Sorten. – (Rebsorten)
- Jedes Jahr im Spätsommer wird mit meiner Ernte begonnen. – (Weinlese)
- Ich bestehe hauptsächlich aus Wasser.
- Weltweit gehöre ich zu den am häufigsten angebauten Früchten.
- Ich gehöre – botanisch betrachtet – zu den Beeren.
- Früher wurde ich per Hand geerntet, mittlerweile wird diese Arbeit meistens von Maschinen erledigt.
- Ich habe einen Durchmesser von 6 bis 20 Millimetern.
- Von mir gibt es Sorten mit und ohne Kerne.
- Aus meinen Kernen wird ein wertvolles Öl gewonnen. – (Traubenkernöl)
- Meine Früchte gibt es in den Farben gelb, grün und rot bis dunkelblau. – (Aus hellen Trauben wird Weißwein und aus den dunklen Rotwein hergestellt.)
- Ich kann roh gegessen (Tafeltrauben), getrocknet (Rosinen) oder zu Wein, Schnaps oder Saft verarbeitet werden.
- Ich wachse an einem Wein- oder Rebstock.

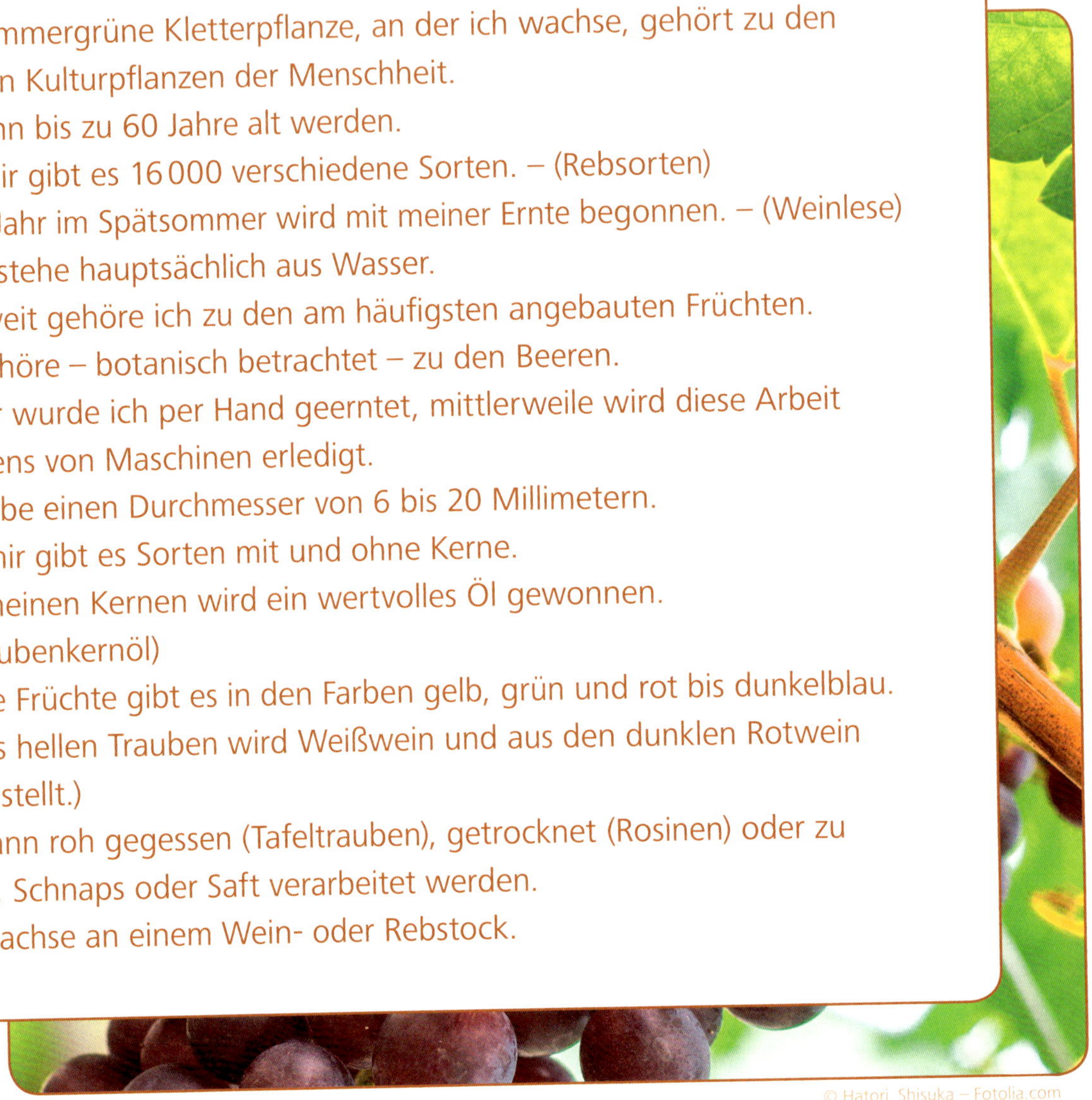

Aktivierungsideen rund um die Traube

Lassen Sie erzählen …

- Welche Weintrauben essen Sie am liebsten? Helle oder dunkle? Kernlose oder welche mit Kernen?
- Trinken Sie auch gern Traubensaft oder Wein?
- Welchen mögen Sie lieber: Weißwein oder Rotwein?
- Haben Sie mal bei der Weinlese geholfen? Wie war das?
- Kennen Sie den Unterschied zwischen Tafel- und Keltertrauben? – (Tafeltrauben sind zum Essen, Keltertrauben dienen der Weinherstellung.)
- Kennen Sie zusammengesetzte Wörter mit „Wein"? – (Weinfass, Weinkeller, Weinberg, Weingeist, Weinsauerkraut, Weinessig, Tafelwein, Weinbrand, Weinlager, Weinregal)

Gedicht

Wein und Brot

Solche Düfte sind mein Leben,
die verscheuchen all mein Leid,
blühen auf dem Berg die Reben,
blüht im Tale das Getreid.

Donnern werden bald die Tennen,
bald die Mühlen rauschend gehn,
und wenn die sich müde rennen,
werden sich die Keltern drehn.

Gute Wirtin vieler Zecher,
so gefällt mir's, flink und frisch:
Kommst du mit dem Wein im Becher,
liegt das Brot schon auf dem Tisch.

Ludwig Uhland (1787–1862)

Lied-Tipp
Folgende Lieder können Sie – falls bekannt – gemeinsam mit den Teilnehmern singen, dazu klatschen, stampfen und passende Bewegungen machen. Alternativ oder ergänzend können Sie die Lieder von CD abspielen:

- Jetzt trink mer noch a Flascherl Wein (Volkslied)
- Trink, trink, Brüderlein, trink (Schlager, 1927, Interpret: u. a. Gus Backus)
- Das Frankenlied (Studentenlied, 1861)
- Muss i denn, muss i denn zum Städtele hinaus (Volkslied)
- Roland Kaiser: Sieben Fässer Wein (Schlager, 1977)
- Udo Jürgens: Griechischer Wein (Schlager, 1974)

Redewendungen

Für jemandem hängen die Trauben zu hoch.
(Etwas ist für jemanden nicht erreichbar.)

Junger Wein in alten Schläuchen.
(Etwas wurde nicht grundlegend umgestaltet.)

Jemand schenkt reinen Wein ein.
(Jemandem sagt die ganze Wahrheit.)

Im Wein liegt die Wahrheit.
(Eine alkoholisierte Person äußert sich offener.)

Weitere Aktivierungsideen

- Bringen Sie Traubensaft mit und bieten Sie den Teilnehmern eine Kostprobe an. Mischen Sie den Saft eventuell mit Mineralwasser zu einer Schorle.
- Spießen Sie Emmentaler-Würfel und Weintrauben auf Zahnstocher und bieten Sie dies den Teilnehmern als Snack an.
- Lesen Sie die Fabel „Der Fuchs und die sieben Trauben" von Äsop vor oder lassen Sie sie erzählen, falls jemand aus der Runde möchte.
- Lesen Sie die Ballade „Von den sieben Zechbrüdern" von Ludwig Uhland vor.

© Verlag an der Ruhr | Autorin: Siglinde Hofmann | ISBN 978-3-8346-4134-2 | www.verlagruhr.de

Was bin ich? – Kohl

- Ich bin ein Gemüse.
- Ich habe vor allem im Herbst und Winter Saison.
- Ich bin sehr vielseitig: Von mir gibt es über 400 verschiedene Sorten.
- Meine Urform stammt aus dem Mittelmeerraum. – (Der Wildkohl ist Vorläufer des heutigen Gemüsekohls.)
- Ich bin mit Senf und Radieschen verwandt.
- Seit vielen Tausend Jahren kultivieren mich die Menschen.
- Ich bin reich an Vitaminen.
- Ich kann bis zu zwei Kilo schwer werden.
- Die meisten von mir sind mittelgroß, manche sind klein.
- Als typisches Lagergemüse kann ich im kühlen Keller Monate unbeschadet überdauern.
- Meine Blätter wurden früher gerollt und gequetscht auf die Haut gelegt zur Heilung von Geschwüren, Wunden und Furunkeln.
- Ich bin ein rundlicher, grün bis weißlich-grüner oder auch mal roter Kopf.
- Früher galt ich als Lebensmittel für arme Leute.
- Man kann aus meinem Blatt eine leckere Roulade herstellen, indem man darin Hackfleisch einwickelt.
- Man isst mich gern als Suppe oder Eintopf, aber auch als Gemüsebeilage.
- Am bekanntesten bin ich verarbeitet zu Sauerkraut.

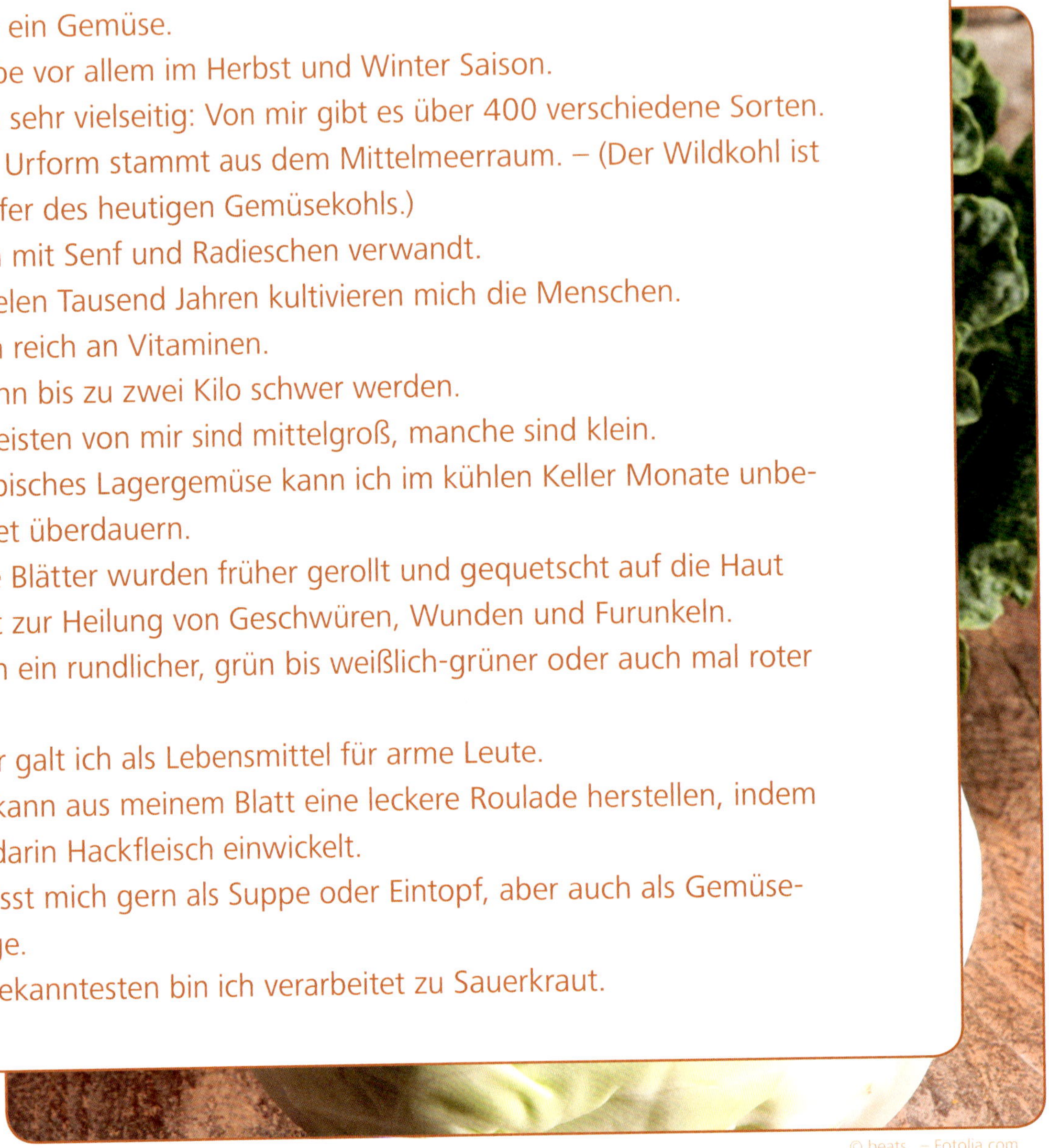

Aktivierungsideen rund um den Kohl

Lassen Sie erzählen …

- Welches Kohlgericht schmeckt Ihnen am besten? – (Rotkohl, Sauerkraut, Krautsalat, Kohlrouladen, Wirsingeintopf)
- Wissen Sie, wie Sauerkraut hergestellt wird? – (Weißkraut wird gehobelt, kommt [ursprünglich] in Holzfässer, Salz dazu, wird gestampft, luftdicht verschlossen, und gärt vier bis sechs Wochen)
- Womit würzt man das Sauerkraut traditionell? – (Kümmel, Lorbeer, Wacholder, Nelke)
- Was bewirkt der Kümmel? – (Er soll Blähungen abmildern.)
- Wie wirkt Sauerkrautsaft? – (abführend)
- Woran erinnern Sie sich aus Ihrer Kindheit im Zusammenhang mit Sauerkraut? – (Rohes Sauerkraut wurde früher direkt aus Fässern in Papiertütchen gefüllt und zum Naschen verkauft.)
- Um welcher Krankheit vorzubeugen, wurde früher auf See Sauerkraut eingesetzt? – (Skorbut – Vitamin-C-Mangelkrankheit)
- Wissen Sie, mit den Blättern welcher Gemüsesorte Kohlrouladen gemacht werden? – (Wirsing)
- Welche anderen Kohlsorten kennen Sie? – (Blumenkohl, Rosenkohl, Wirsing, Grünkohl)

Gedicht

Der Kohl

Unter all den hübschen Dingen
in der warmen Sommerzeit
ist ein Korps von Schmetterlingen
recht ergötzlich insoweit.

Bist du dann zu deinem Wohle
in den Garten hinspaziert,
siehst du über deinem Kohle
muntre Tänze aufgeführt.

Weiß gekleidet und behände
flattert die vergnügte Schar,
bis dass Lieb und Lust zu Ende
wieder mal für dieses Jahr.

Zum getreuen Angedenken,
auf den Blättern kreuz und quer,
lassen sie zurück und schenken
dir ein schönes Raupenheer.

Leidest du, dass diese Sippe
weiterfrisst, wie sie begehrt,
kriegst du nebst dem Blattgerippe
nur noch Proben ohne Wert.

Also ist es zu empfehlen,
lieber Freund, dass du dich bückst
und sehr viele Raupenseelen,
pitsch, aus ihren Häuten drückst.

Denn nur der ist wirklich weise,
der auch in die Zukunft schaut.
Denk an deine Lieblingsspeise:
Schweinekopf mit Sauerkraut.

Wilhelm Busch (1832–1908)

Redewendungen

Etwas macht das Kraut/den Kohl auch nicht fett.
(Auf etwas kommt es nicht mehr an.)

Etwas ist wie Kraut und Rüben.
(Etwas ist unordentlich und chaotisch.)

Jemand schiebt Kohldampf.
(Jemand hat Hunger.)

Weitere Aktivierungsideen

- Bringen Sie Weißkraut, Rotkraut und Sauerkraut zum Kosten mit.
- Lesen Sie den zweiten Streich aus „Max und Moritz" von Wilhelm Busch vor.
- Bereiten Sie gemeinsam eine Rotkohl-Cremesuppe oder eine Sauerkrautlasagne zu.

Was bin ich? – Regenschirm

- Ich bin ein Gebrauchsgegenstand.
- Ich werde draußen benutzt.
- Ich bestehe aus Metall und Stoff.
- Es gibt mich in vielen Größen, Formen und Farben. Auch in Übergröße oder speziell für Kinder.
- Bei Hochzeiten und von herausgeputzten Damen wird manchmal eine transparente Variante von mir benutzt.
- Mein Name kommt aus dem Althochdeutschen und bedeutet „Schild“ oder „Schutz“.
- Ich passe mich optisch der Mode an. Ich komme in klassischem Schwarz ebenso daher wie gepunktet oder mit Rüschen.
- Ich spiele eine zentrale Rolle in der Struwwelpeter-Geschichte „Der fliegende Robert“.
- Ich werde als Schutz vor verschiedenen Wetterlagen gebraucht. – (Regen, Wind, Sonne)
- Manchmal bringt mich aber schon ein etwas stärkeres Lüftchen aus der Form.
- Man kann mich als Spazierstock zweckentfremden.
- Wenn es regnet, bleiben die Menschen durch meine Hilfe trocken.
- Leider haben viele Menschen mich an Regentagen oft nicht dabei oder haben mich irgendwo stehen lassen.

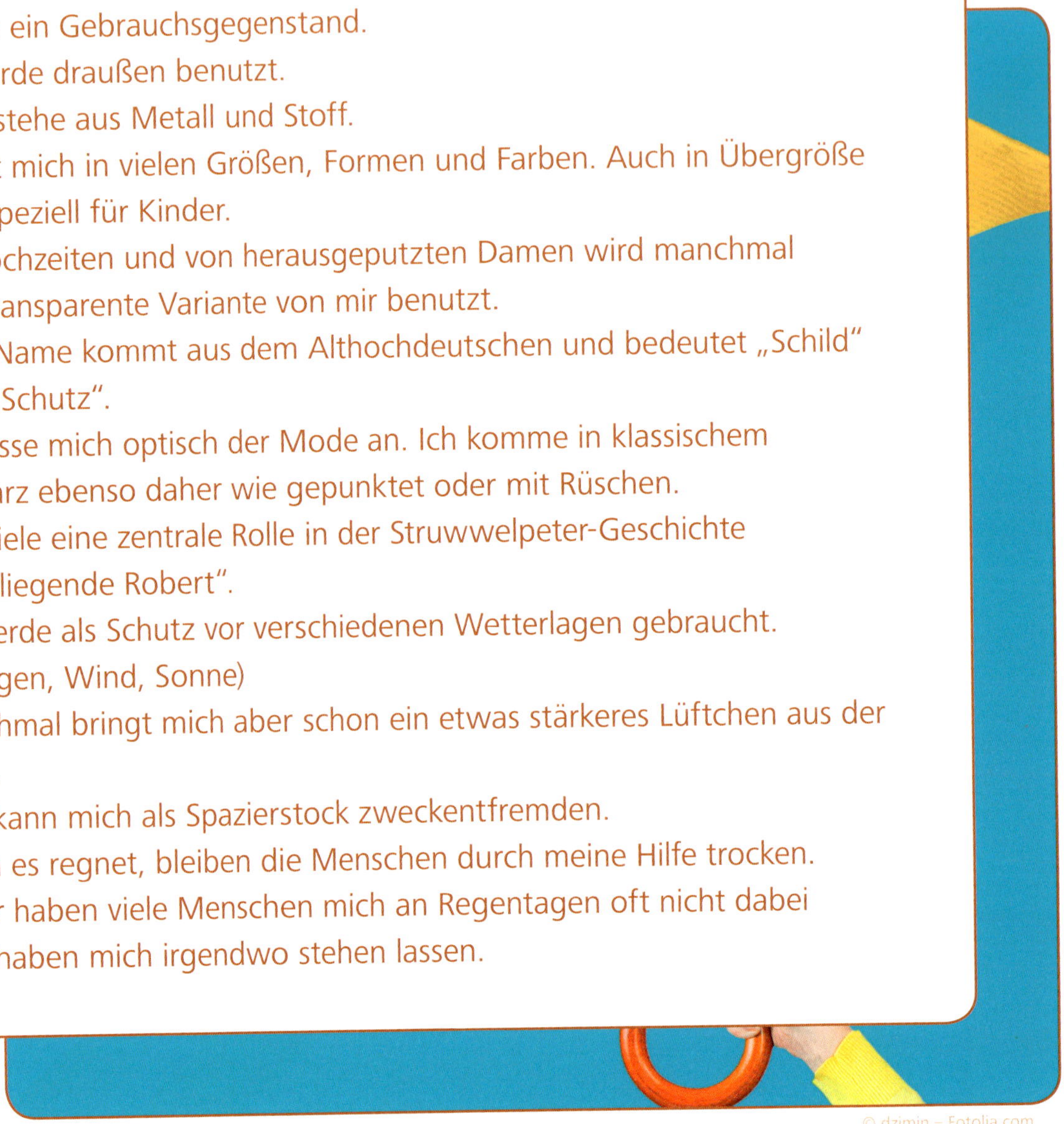

Aktivierungsideen rund um den Regenschirm

Lassen Sie erzählen …

- Wie sieht Ihr Schirm aus? – (z. B. schwarz, rot, Taschenschirm, XL-Schirm)
- Haben Sie einen Trick, um Ihren Schirm nirgends zu vergessen? – (z. B. ihn in die Tasche stecken, über den Arm hängen, Knoten ins Taschentuch)
- Wissen Sie, was ein Knirps ist? – (ein zusammenschiebbarer Schirm oder ein Kind)
- Welche Schuhe sind bei Regen am geeignetsten? – (Gummistiefel)
- Wissen Sie, was man am besten bei Gewitter macht, wenn man sich im Freien aufhält? – (sich nicht unter Bäume stellen, nicht der höchste Punkt in der Landschaft sein, sondern sich stattdessen auf dem Boden in eine geduckte Haltung bringen)
- Haben Sie mal starke Unwetter erlebt? Haben Sie Angst vor Gewitter? – (erzählen lassen über persönliche Erfahrungen und auch zum Thema Klimaveränderung)
- Wissen Sie, wie ein Regenbogen entsteht? – (wenn kurz nach dem Regen die Sonne scheint und sich ihr Licht in den Wassertropfen spiegelt)
- Welche Wörter mit „Schirm" fallen Ihnen ein? – (z. B. Sonnenschirm, Stockschirm, Fallschirm, Bildschirm, Lampenschirm, Schutzschirm, Schirmherr, Schirmständer)
- Kennen Sie ein bekanntes Lied über den Regenwurm? – („So ein Regenwurm hat's gut" von Heinz Rühmann)

Gedicht

In trauter Verborgenheit

Ade, ihr Sommertage,
wie seid ihr so schnell enteilt,
gar mancherlei Lust und Plage
habt ihr uns zugeteilt.

Wohl war es ein Entzücken,
zu wandeln im Sonnenschein,
nur die verflixten Mücken
mischten sich immer darein.

Und wenn wir auf Waldeswegen
dem Sange der Vögel gelauscht,
dann kam natürlich ein Regen
auf uns herniedergerauscht.

Die lustigen Sänger haben
nach Süden sich aufgemacht,
bei Tage krächzen die Raben,
die Käuze schreien bei Nacht.

Was ist das für Gesause!
Es stürmt bereits und schneit.
Da bleiben wir zwei zu Hause
in trauter Verborgenheit.

Kein Wetter kann uns verdrießen.
Mein Liebchen, ich und du,
wir halten uns warm und schließen
hübsch feste die Türen zu.

Wilhelm Busch (1932–1908)

Lied-Tipp

Folgende Lieder können Sie – falls bekannt – gemeinsam mit den Teilnehmern singen, dazu klatschen, stampfen und passende Bewegungen machen.
Alternativ oder ergänzend können Sie die Lieder von CD abspielen:

- Die Erde braucht Regen (Volkslied/Liebeslied)
- Regentropfen, die an dein Fenster klopfen (Tango, 1935, Interpret: u. a. Rudi Schuricke)
- Zarah Leander: Ich steh im Regen (Chanson, 1937)
- I'm singing in the Rain (Schlager, 1929, Interpret: u.a. Gene Kelly)
- Michael Holm: Barfuß im Regen (Schlager, 1970)
- Am Tag als der Regen kam (Schlager, 1958, Interpreten: u.a. Heidi Brühl, Dalida)
- It Never Rains in Southern California (1972, Interpreten: u. a. Albert Hammond, Sonny & Cher)

Redewendungen

Man hat jemanden im Regen stehen lassen.
(Man hat jemanden im Stich gelassen und ihm keine Hilfe oder Unterstützung gewährt.)

Jemand kommt vom Regen in die Traufe.
(Jemand gerät aus einer unangenehmen Situation in eine ähnliche schwierige Lage.)

Ein warmer Regen
(eine höhere, unerwartete Geldeinnahme)

Weitere Aktivierungsideen

- Bringen Sie verschiedene Regenutensilien mit (z. B. Ostfriesennerz, Gummistiefel, Regenhose) und sprechen Sie über deren Gebrauch.
- Machen Sie eine Bewegungsübung mit einem kleinen Regenschirm.

© Verlag an der Ruhr | Autorin: Siglinde Hofmann | ISBN 978-3-8346-4134-2 | www.verlagruhr.de

Was bin ich? – Fernglas

- Ich bin ein Gebrauchsgegenstand.
- Es gibt mich je nach Qualität für jedes Budget: zwischen 100 Euro und mehreren Tausend Euro.
- Man benutzt mich zu ganz unterschiedlichen Gelegenheiten. – (Vogelbeobachtung, Observierung/Privatdetektiv, Jagd, Oper, Pferderennen)
- Ich bin hilfreich im Freien und in geschlossenen Räumen.
- Ich bin von ca. 10 mal 10 Zentimeter bis zu 30 mal 20 Zentimeter groß.
- Ich wiege zwischen wenigen hundert Gramm bis über zwei Kilo.
- Der Jäger und der Förster haben mich immer dabei.
- Ich werde für Beobachtungen und die Jagd benutzt.
- Manchmal werden mit mir auch die Nachbarn ausgespäht.
- Im 19. Jahrhundert nannte man mich „Stechbrille" oder kurz „Stecher".
- Ich kann Objekte in der Ferne 3- bis 50-fach vergrößern.
- Ich werde umgangssprachlich „Feldstecher" genannt.

Aktivierungsideen rund um das Fernglas

Lassen Sie erzählen …

- Besitzen Sie ein Fernglas?
- Was oder wen haben Sie damit beobachtet? – (Wildtiere, Oper, Pferderennen, auf der Jagd)
- Spielte die Jagd in Ihrem Leben eine Rolle? – (selbst Jäger oder Jäger in der Familie)
- Wissen Sie, welches Tier ein Gehilfe bei der Jagd ist? – (Jagdhund, z. B. Dackel, Deutsch Drahthaar, Deutsch Kurzhaar, großer Münsterländer, kleiner Münsterländer, Weimaraner, Deutscher Jagdterrier, Foxterrier)
- Welche Wildtiere dürfen Jäger und Förster in den Jagdzeiten/Schusszeiten schießen? – (z. B. Rehwild, Schwarzwild, Wildtauben, Wildenten, Füchse, Feldhasen, Wildkaninchen, Fasane, Waschbären, Wildgänse)
- Kennen Sie den typischen Gruß unter Jägern? – („Weidmannsheil" – Wunsch für guten Erfolg, Glückwunsch für Jagdglück)
- Wissen Sie, wie das Hilfsmittel heißt, auf dem der Jäger sitzt und das Wild mit dem Fernglas beobachtet? – (Hochsitz, Jägersitz, Jägerstand)
- Welches Musikinstrument gehört zum jagdlichen Brauchtum? – (Jagdhorn)
- Welche Wörter mit „Jagd" kennen Sie? – (Jagdfieber, Jagdrevier, Hetzjagd, Hexenjagd, Großwildjagd, Treibjagd, Fuchsjagd, Bärenjagd, Jagdgewehr, Schnitzeljagd, Verbrecherjagd, Jagdsaison, Jagdschloss)

Lied

Im Wald und auf der Heide (Auszug)

Im Wald und auf der Heide, da such ich meine Freude,
ich bin ein Jägersmann, ich bin ein Jägersmann!
Die Forsten treu zu hegen, das Wildbret zu erlegen,
mein Lust hab ich daran, mein Lust hab ich daran.
Halli, hallo, halli, hallo!
Mein Lust hab ich daran. Halli, hallo, halli, hallo!
Mein Lust hab ich daran. Halli, hallo, halli, hallo!
Mein Lust hab ich daran.

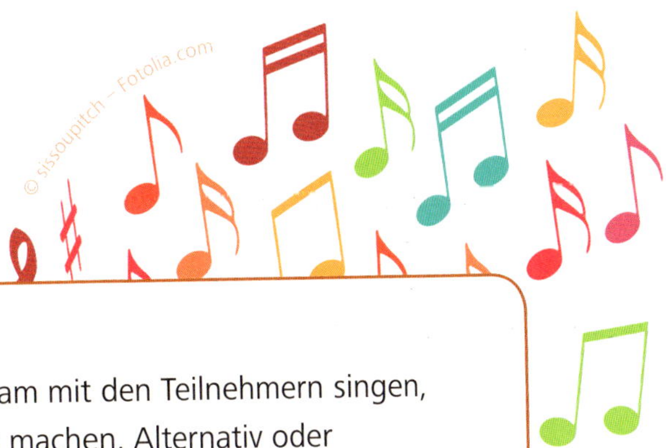

Lied-Tipp

Folgende Lieder können Sie – falls bekannt – gemeinsam mit den Teilnehmern singen, dazu klatschen, stampfen und passende Bewegungen machen. Alternativ oder ergänzend können Sie die Lieder von CD abspielen:

- Ein Jäger aus Kurpfalz (Volkslied)
- Auf, auf zum fröhlichen Jagen (Volkslied)
- Ein Jäger längs dem Weiher ging (Volkslied)

Redewendungen

Jemand nimmt etwas aufs Korn.
(Jemand beobachtet etwas scharf oder kritisiert jemanden scharf.)

Jemand bekommt von etwas Wind.
(Jemand erfährt etwas Geheimes.)

Jemand hat sein Pulver verschossen.
(Jemandes Möglichkeiten sind erschöpft.)

Jemand wirft die Flinte ins Korn.
(Jemand gibt auf.)

Jemand schießt einen Bock.
(Jemand macht einen Fehler.)

Zungenbrecher

Es ging ein Hirsch wohl über den Bach,
er brach zwei, drei Trippel di Trippel Blumberpeer-Blätter ab,
es mag wohl ein wohlberedeter Mann sein,
der mir die zwei, drei Trippel di Trippel Blumberpeer-Blätter
nachsprechen kann.

Witz

„Aber Mann, du willst doch nicht etwa bei diesem furchtbaren Wetter auf die Jagd gehen!"
„Warum nicht? Vielleicht habe ich Glück und der Blitz schlägt einen Hasen tot!"

Weitere Aktivierungsideen

- Bringen Sie ein Fernglas und andere Sehhilfen, z. B. Lupen, zu Anschauungszwecken und zum Ausprobieren mit.
- Lesen Sie „Die Geschichte vom wilden Jäger" aus dem „Struwwelpeter" vor.

Was bin ich? – Blatt

- Ich bin ein Pflanzenbestandteil.
- Man findet mich in unterschiedlichen Formen, Farben und Größen.
- Es gibt immer mehrere von mir an einer Pflanze.
- Ich biete Lebensraum für andere Lebewesen. – (z. B. Pilze, Mehltau, Moose, Flechten, Gallwespe)
- Ich habe mit wenigen Monaten nur eine relativ kurze Lebensdauer. – (meist nur von Frühling bis Herbst)
- Ich sorge dafür, dass die Pflanze, zu der ich gehöre, Nährstoffe bilden (Fotosynthese) und Wasser verdunsten kann.
- Ich bin flach, dünn und habe ein Gerippe.
- Im Herbst wechsel ich meine Farbe.
- Ich hänge mit einem Stiel an Strauch, Baum oder Blume.
- Auch Nadelhölzer haben mich. – (Nadelblatt)
- Viele von mir nennt man „Laub".
- Laubbäume werfen mich im Herbst ab, um nicht so viel Wasser zu verlieren und den Winter zu überleben.
- Als abgeworfenes Laub diene ich als Dünger und gefundenes Fressen für Tiere, wie Tausendfüßler, Asseln, Milben, Ohrwürmer und Regenwürmer.

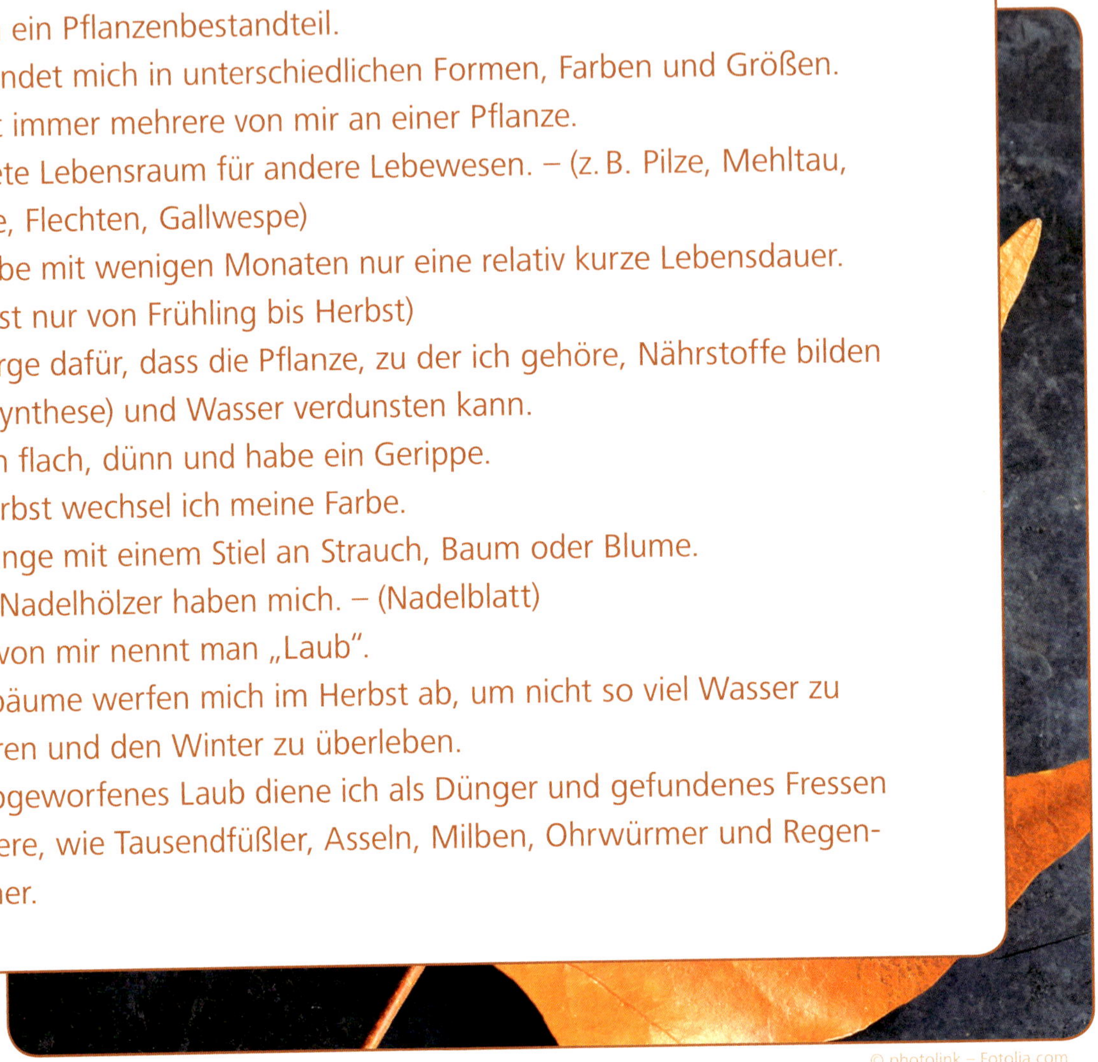

Aktivierungsideen rund um das Blatt

Lassen Sie erzählen …

- Gibt es einen Baum, der Ihnen besonders gut gefällt? Wie sehen seine Blätter aus? – (z. B. Eiche, Platane, Birke, Weide, Apfelbaum)
- Hatten Sie diesen Baum in Ihrem Garten? Oder stand einer vielleicht in einem nahe gelegenen Park oder vor Ihrem Fenster?
- Welche Bäume kennen Sie noch? – (z. B. Kastanie, Eiche, Buche, Birke, Ginkgo, Pappel, Ahorn, Pinie, Zeder, Fichte, Tanne, Lärche)
- Kennen Sie das Gefühl und das Geräusch, im Herbst durch einen Berg raschelndes Laub zu laufen? Mögen Sie das?
- Wissen Sie, warum die Nadeln von Nadelbäumen in der Regel nicht abgeworfen werden? – (Durch die geringe Oberfläche verdunstet nicht so viel Wasser.)
- Welcher Nadelbaum verliert dennoch seine Nadeln im Herbst? – (Lärche)
- Wissen Sie, warum Blätter im Herbst bunt werden? – (Der Baum baut das Chlorophyll ab und lagert es für die nächsten Blätter im Frühjahr ein.)
- Welche Wörter mit „Blatt" kennen Sie? – (Blattlaus, Blattspinat, Salatblatt, Blattgold, Kleeblatt, Teeblatt, Schulterblatt, Blütenblatt, Herzblatt, Schmierblatt, Löschblatt, Sägeblatt)

Gedicht

Im Laube versteckt (Auszug)

Im bewegten Laube
welch Zittern und Hüpfen,
Drängen und Schlüpfen,
welch blätterbedecktes
Hauchen und Lauschen!
Es rückt sich,
es drückt sich,
als bärg' es verstecktes,
wonnetrunkenes Küssetauschen.

Johann Georg Fischer (1816–1897)

Gedicht-Tipp

Folgende Gedichte können Sie ebenfalls den Teilnehmern vorlesen:

- Ernst Rauscher: Dürre Blätter
- Rainer Maria Rilke: Herbst

Lied-Tipp

Folgende Lieder können Sie – falls bekannt – gemeinsam mit den Teilnehmern singen, dazu klatschen, stampfen und passende Bewegungen machen. Alternativ oder ergänzend können Sie die Lieder von CD abspielen:

- Am Brunnen vor dem Tore (Volkslied)
- Bunt sind schon die Wälder (Volkslied)
- Ich geh durch einen grasgrünen Wald (Volkslied)

Redewendungen

Jemand nimmt kein Blatt vor den Mund.
(Jemand spricht offen und sagt die Wahrheit.)

Jemand ist (k)ein unbeschriebenes Blatt.
(Jemand ist [un]erfahren.)

Das Blatt hat sich gewendet.
(Eine Situation hat sich geändert, meist ins Gegenteil.)

Das steht auf einem anderen Blatt.
(Das passt nicht in diesen Zusammenhang.)

Weitere Aktivierungsideen

- Bringen Sie Blätter von verschiedenen Bäumen mit, zeigen Sie sie und lassen Sie bestimmen bzw. raten, zu welchem Baum sie gehören.
- Legen Sie mit feinmotorisch fitten Teilnehmern Blattgerippe von Blättern frei. Das geht z. B. mit Haselnussblättern besonders gut.
- Pressen Sie gemeinsam bunte Herbstblätter mithilfe einer Pflanzenpresse oder legen Sie sie in ein dickes Buch. Besonders geeignet sind Ahornblätter.
- Laminieren Sie verschiedene Blätter und fertigen Sie mit den Teilnehmern Tischsets oder lassen Sie diese ausschneiden und daraus ein Herbstmobile fertigen.

Was bin ich? – Igel

- Ich bin ein Säugetier.
- Ich bewohne Europa, Afrika und Asien. In Amerika und Australien bin ich nicht anzutreffen.
- Von meiner Familie gibt es 26 Arten; in Deutschland leben davon zwei.
- Ich stehe in einigen Bundesländern auf der Liste der bedrohten Tierarten. – (z. B. Sachsen-Anhalt)
- Ich bin ein Einzelgänger.
- Ich bin ein Insektenfresser. Auf meinem Speiseplan stehen Käfer, Ohrwürmer und Kellerasseln, aber auch Frösche, Mäuse und sogar Schlangen.
- Ich bin 10 bis 45 Zentimeter lang, etwa so groß wie ein kleines Kaninchen. Mein Gewicht variiert je nach Art und Größe von 20 Gramm bis 2 Kilo.
- Meine natürlichen Feinde sind Fuchs, Uhu, Marder und Dachs.
- Mein Körper ist in unauffälligen Braun- und Grautönen gehalten.
- Ich bin dämmerungs- und nachtaktiv und schlafe am Tag. Wenn es hell ist, spielt sich mein Leben im Verborgenen ab.
- In der Natur kann ich drei bis sieben Jahre alt werden.
- In kühleren Regionen halte ich einen Winterschlaf.
- Ich rolle mich im Bedrohungsfall zu einer Kugel zusammen und verberge meine ungeschützten Körperteile.
- Mein Körper ist mit Stacheln bedeckt.
- Wenn ich ausgewachsen bin, habe ich 6 000 bis 8 000 Stacheln. Diese sind scharf.
- Ich greife mit meinen Stacheln niemanden an, ich verteidige mich nur.

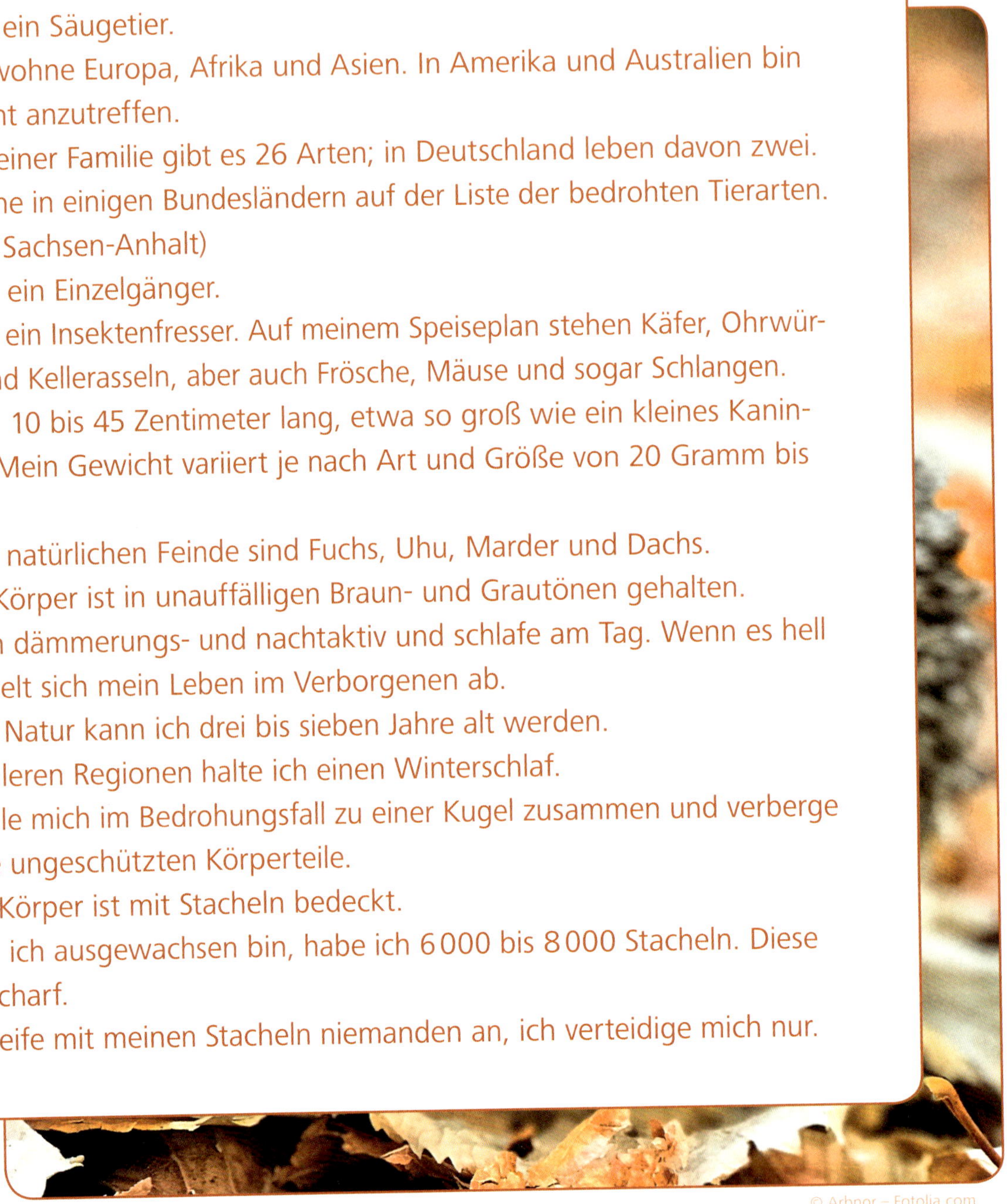

© Arbnor – Fotolia.com

Aktivierungsideen rund um den Igel

Lassen Sie erzählen …

- Wie finden Sie Igel? Mögen Sie sie?
- Haben Sie schon mal einen Igel in der Natur beobachten können?
- Hatten Sie vielleicht auch in Ihrem Garten Igel? Wie war das?
- Wissen Sie, was den Igeln in Wald, Feld und Garten als Winterquartier dient? – (Laubhaufen, Holzhaufen, Hecken)
- Haben Sie Igel unterstützt und in Ihrem Garten einen entsprechenden Lebensraum geschaffen? Wie? – (naturnah belassener Garten mit Totholzhaufen und Laubhaufen, kein Gift im Garten einsetzen)
- Wissen Sie, warum Igel nützlich sind? – (Sie fressen Schädlinge, z. B. Nacktschnecken.)
- Haben Sie kleine und leichte Igel im Herbst vor dem Winterschlaf oder im Frühling (nach dem Winterschlaf) auch mal gefüttert? Womit? – (Katzenfutter, Igeltrockenfutter, Weizenkleie, Haferflocken)
- Wissen Sie, warum man Igeln keine Milch geben darf? – (Igel haben eine Laktoseintoleranz. Ihr Körper kann den Milchzucker nicht verarbeiten. Die Folge sind Durchfälle. Auch Obst ist nicht geeignet für ihre Ernährung.)
- Welche Igelgeräusche haben Sie schon wahrgenommen? – (rascheln beim Laufen, fauchen im Streit, schmatzen und prusten beim Fressen, schnaufen bei der Paarung)
- Wissen Sie, was ein Igelball ist? – (ein Massageball aus Kunststoff mit Noppen)
- Kennen Sie auch 1. eine Igelfrisur, 2. einen Mettigel und 3. einen Birnenigel? – (1. bürstenförmiger, hochstehender Kurzhaarschnitt, 2. Mett zu einem Körper geformt, gespickt mit Salzstangen, 3. Birnenhälften mit Mandelstiften)

Gedicht

Bewaffneter Friede

Ganz unverhofft, an einem Hügel,
sind sich begegnet Fuchs und Igel.

Halt, rief der Fuchs, du Bösewicht!
Kennst du des Königs Ordre nicht?
Ist nicht der Friede längst verkündigt,
und weißt du nicht, dass jeder sündigt,
der immer noch gerüstet geht?
Im Namen seiner Majestät
geh her und übergib dein Fell.

Der Igel sprach: Nur nicht so schnell.
lass dir erst deine Zähne brechen,
dann wollen wir uns weiter sprechen!

Und alsogleich macht er sich rund,
schließt seinen dichten Stachelbund
und trotzt getrost der ganzen Welt,
bewaffnet, doch als Friedensheld.

Wilhelm Busch (1832–1908)

Redewendungen

Jemand igelt sich ein.
(Jemand zieht sich zurück.)

Jemand hat einen Igel in der Tasche.
(Jemand ist geizig.)

Etwas ist der Stachel im Fleisch.
(Etwas ist die Ursache für spürbaren Ärger.)

Weitere Aktivierungsideen

- Bereiten Sie gemeinsam einen Mett- oder Birnenigel zu. Alternativ dazu stellen Sie das Gericht her und essen gemeinsam mit den Teilnehmern.
- Lesen Sie das Märchen „Der Hase und der Igel" der Brüder Grimm vor oder zeigen Sie den Film.

Was bin ich? – Kastanie

- Ich bin eine Frucht, die im September reif wird.
- Ich wachse an einem Laubbaum.
- Ich bin in Mitteleuropa weit verbreitet.
- Mein Baum kann bis zu 30 Metern hoch und bis zu 300 Jahren alt werden.
- Es gibt in Deutschland zwei verschiedene Arten von mir.
- Die eine Art kann man essen, die andere nicht.
  – (essbar: Edel- oder Esskastanie, nicht essbar: Rosskastanie)
- Die Blätter an meinem Baum sind länglich. Meist wachsen fünf an einem Stiel – wie die Finger einer Hand.
- An meinem Baum wachsen weiße oder rötliche Blüten, die man auch als „Kerzen" bezeichnet.
- Förster und Jäger verfüttern mich an Wildtiere.
- Wenn die Menschen mich finden, können sie gar nicht anders, als sich nach mir zu bücken.
- Kinder lieben es, mich zu sammeln und mit mir zu basteln.
  – (z. B. Kastanienmännchen)
- Ich bin ein angenehmer Handschmeichler.
- Unreif bin ich weiß, dann werde ich zu einer 3 bis 5 Zentimeter großen braunen Nuss mit einem hellen Fleck.
- Wenn ich reif bin, falle ich vom Baum und springe aus meiner stacheligen, grünen Schale.

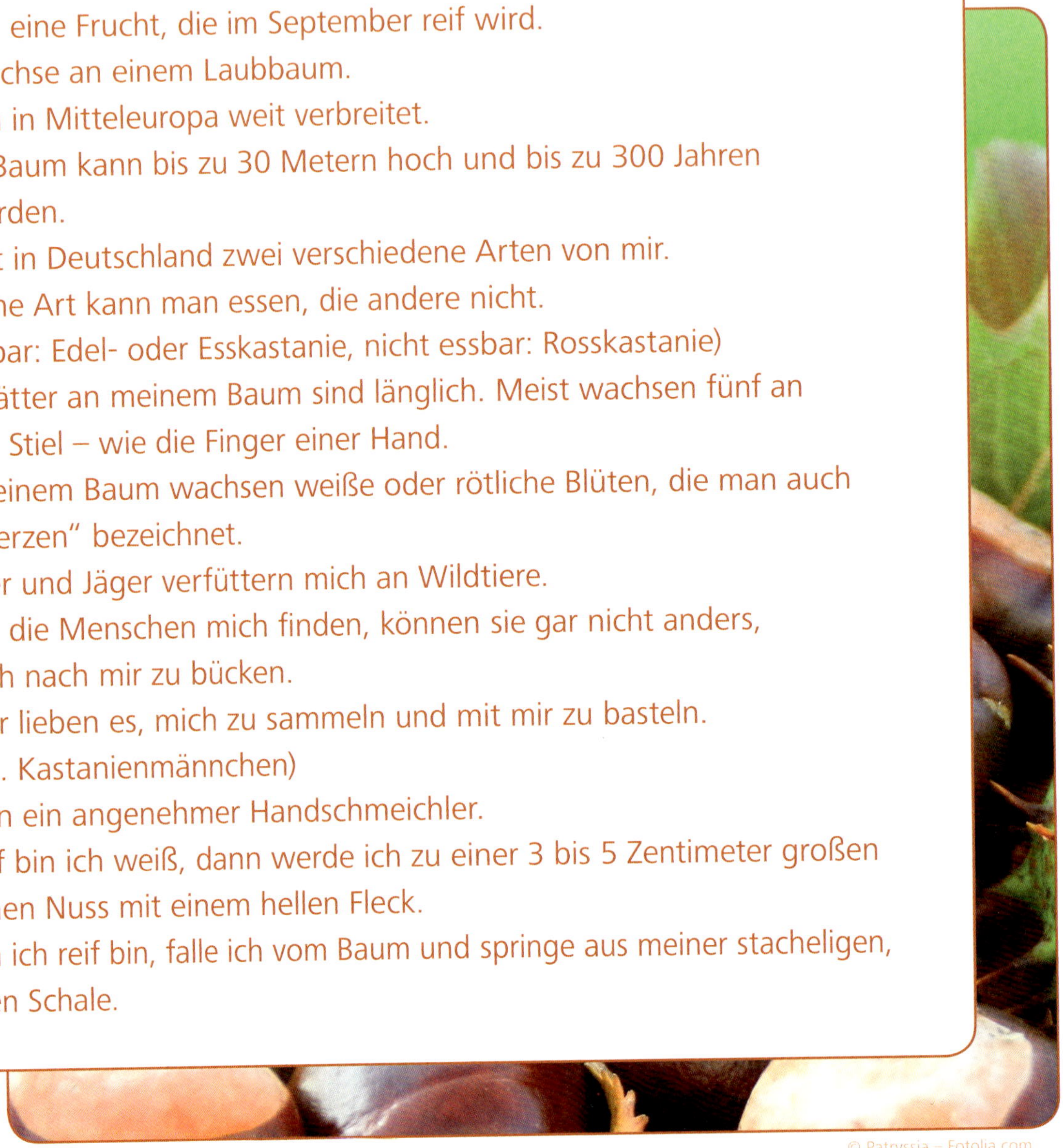

Aktivierungsideen rund um die Kastanie

Lassen Sie erzählen …

- Sammeln Sie gern Kastanien?
- Gab es in Ihrer Straße oder sogar in Ihrem Garten einen Kastanienbaum?
- Haben Sie Kastanien früher an Wildtiere verfüttert? An welche? – (z. B. Rehe, Wildschweine)
- Haben Sie mit Kastanien gebastelt, z. B. mit Ihren Kindern oder Enkeln?
- Was kann man aus Kastanien basteln? – (Figuren, wie Kastanienmännchen oder Kastanientiere)
- Kennen Sie die beiden Kastanienarten, die in Europa vorkommen? – (Edel- und Rosskastanie)
- Mögen Sie auch geröstete Esskastanien (Maronen)?
- Wo kann man diese oft kaufen? – (frisch geröstet auf dem Weihnachtsmarkt)
- Wie werden Esskastanien klassischerweise in der Küche eingesetzt? – (als Füllung für den Entenbraten)
- Die Rosskastanie wird auch zu medizinischen Zwecken eingesetzt. Wissen Sie, für welche? – (Krampfadern, Venenleiden, Entzündung, Durchblutungsstörungen)

Gedicht

An der Ecke

Der Winter kommt und mit ihm meine Alte,
die an der Ecke stets Kastanien briet.
Ihr Antlitz schaut aus einer Tücherspalte
froh und gesund, ob Falte auch bei Falte
seit vielen Jahren es durchzieht.

Und tüchtig ist sie, ja, das will ich meinen;
die Tüten müssen rein sein, und das Licht
an ihrem Stand muss immer helle scheinen,
und von dem Ofen mit den krummen Beinen
verlangt sie streng die heiße Pflicht.

So trefflich schmort auch keine die Maroni.
Dabei bemerkt sie, wer des Weges zieht,
und alle kennt sie – bis zum Tramwaypony;
sie treibts ja Jahre schon, die alte Toni …
Und leise summt ihr Herd sein Lied.

Rainer Maria Rilke (1875–1926)

Gedicht-Tipp
Lesen Sie das Gedicht „Kleine Stadt am Sonntagmorgen“ von Erich Kästner vor.

Lied-Tipp
Folgende Lieder können Sie – falls bekannt – gemeinsam mit den Teilnehmern singen, dazu klatschen, stampfen und passende Bewegungen machen. Alternativ oder ergänzend können Sie die Lieder von CD abspielen:

- Freddy Breck: Im Schatten der alten Kastanien (Schlager, 1977)
- Bunt sind schon die Wälder (Volkslied)
- Ein Männlein steht im Walde (Kinderlied)
- Das Laub fällt von den Bäumen (Volkslied)

Redewendung

Man holt für jemanden die Kastanien aus dem Feuer.
(Man übernimmt für jemanden eine unliebsame Aufgabe.)

Weitere Aktivierungsideen

- Bringen Sie Kastanien (Ess- und Rosskastanien) mit sowie ein Blatt vom Kastanienbaum.
- Legen Sie gemeinsam aus Kastanien Formen auf den Tisch, z. B. als Kreis oder Herz.
- Lesen Sie die Fabel „Der Affe und der Kater“ von Jean de La Fontaine vor.
- Bohren Sie Löcher durch Kastanien und fädeln Sie diese eventuell gemeinsam mit den Teilnehmern zu Ketten auf als wunderbare Handschmeichler.
- Bringen Sie weitere Herbstfrüchte mit, z. B. Eicheln, Bucheckern oder Hagebutten.

Winter

Winter

Die drei Spatzen

In einem leeren Haselstrauch,
da sitzen drei Spatzen, Bauch an Bauch.

Der Erich rechts und links der Franz
und mitten drin der freche Hans.

Sie haben die Augen zu, ganz zu,
und obendrüber, da schneit es, hu!

Sie rücken zusammen dicht an dicht,
so warm wie der Hans hats niemand nicht.

Sie hören alle drei ihrer Herzlein Gepoch.
Und wenn sie nicht weg sind, so sitzen sie noch.

Christian Morgenstern (1871–1914)

Was bin ich? – Weihnachtsstern

- Ich bin eine der meistverkauften Zimmerpflanzen auf der Welt.
- Als Topfpflanze bevorzuge ich einen hellen und warmen Standort.
- Ich mag keine direkte Sonne, keine Kälte und keine Zugluft.
- Seit den 1950er-Jahren bin ich in Europa als Zimmerpflanze besonders bekannt und geschätzt.
- Auch als Schnittblume werde ich in Gestecken und Sträußen arrangiert.
- Ich bin ein giftiges Wolfsmilchgewächs. Deshalb sollte man Haustiere von mir fernhalten und beim Umtopfen und Beschneiden Handschuhe tragen.
- Ich stamme ursprünglich aus Mexiko und bin in den Tropen zu Hause.
- Dort wachse ich zu hohen Sträuchern heran.
- Man sollte mich nicht zu viel gießen.
- Ich blühe nur, wenn ich weniger als zwölf Stunden Licht pro Tag bekomme.
- Meine Hauptblütezeit reicht deshalb von November bis Februar, je nach Standort blühe ich manchmal auch ganzjährig.
- Ich habe Hochblätter, die sich in Form und Farbe von den normalen Laubblättern unterscheiden.
- Meine Hochblätter sind sternförmig angeordnet. Sie können lachsfarben, gelb, cremeweiß oder rot sein. Sie dienen zum Anlocken der Insekten.
- In der Variante mit roten Hochblättern bin ich besonders bekannt.
- Die sternförmigen Hochblätter sind der Grund für meinen Namen.
- Ich bin ein beliebtes Mitbringsel zur Weihnachtszeit.
- Ich gehöre zur Weihnachtszeit genauso wie das Christkind.
- Ich werde auch „Advents-“ oder „Christstern“ genannt.

Aktivierungsideen rund um den Weihnachtsstern

Lassen Sie erzählen …

- Wie gefällt Ihnen der Weihnachtsstern? Was mögen Sie an ihm besonders?
- Wie haben Sie Ihren Weihnachtsstern gepflegt? – (keine pralle Sonne, warmer, zugluftfreier Standort, Staunässe vermeiden)
- Haben Sie die Zimmerpflanze gern zur Weihnachtszeit verschenkt? An wen?
- Welche anderen Pflanzen kennen Sie, die zur Weihnachtszeit bzw. im Winter blühen? – (Weihnachtskaktus, Christrose, Winterling, Alpenveilchen, Schneeglöckchen)
- Wissen Sie, welches sternförmige Gebäck in der Weihnachtszeit besonders beliebt ist? – (Zimtstern)
- Welche zusammengesetzten Wörter mit „Stern" kennen Sie? – (Sternzeichen, Abendstern, Sternanis, Sternenhimmel, Sternengucker, Sternfrucht, sternhagelvoll, Sternkarte, Sternschnuppe)

Gedicht

Träumen (Auszug)

Es gibt so wunderweiße Nächte,
drin alle Dinge Silber sind.
Da schimmert mancher Stern so lind,
als ob er fromme Hirten brächte
zu einem neuen Jesuskind.

Weit wie mit dichtem Demantstaube
bestreut, erscheinen Flur und Flut,
und in die Herzen, traumgemut,
steigt ein kapellenloser Glaube,
der leise seine Wunder tut.

Rainer Maria Rilke (1875–1926)

Gedicht-Tipp

Folgende Gedichte können Sie ebenfalls den Teilnehmern vorlesen:

- Franz von Pocci: Der Weihnachtsstern
- Johannes Trojan: Die Christrose

Lied-Tipp

Folgende Lieder können Sie – falls bekannt – gemeinsam mit den Teilnehmern singen, dazu klatschen, stampfen und passende Bewegungen machen. Alternativ oder ergänzend können Sie die Lieder von CD abspielen:

- Stern über Bethlehem (Weihnachtslied, 1964)
- Schneeflöckchen, Weißröckchen (Weihnachtslied)
- Weißt du, wie viel Sternlein stehen (Kinderlied)
- Aber dich gibt's nur einmal für mich (Schlager, 1965, Interpreten: u.a. Nilsen Brothers, Semino Rossi, Die Flippers)
- Katja Ebstein: Der Stern von Mykonos (Schlager, 1973)
- Hubert Kah: Sternenhimmel (Popsong, 1982)

Redewendungen

Jemand hat eine Sternstunde.
(Jemand feiert einen großartigen Erfolg.)

Etwas steht in den Sternen.
(Etwas ist ungewiss.)

Jemand greift nach den Sternen.
(Jemand versucht ehrgeizig und übermütig etwas Unmögliches bzw. Schwieriges.)

Jemand sieht Sterne.
(Jemand ist benommen.)

Jemandes Stern geht auf.
(Jemand wird berühmt.)

Weitere Aktivierungsideen

- Bringen Sie für jeden ein Stern-Mandala oder eine andere Stern-Vorlage mit und lassen Sie diese die Teilnehmer ausmalen.
- Lesen Sie das Märchen „Die Sterntaler" der Brüder Grimm vor.

Was bin ich? – Orange

- Ich wurde im 15. Jahrhundert in Europa eingeführt und zunächst nur in Portugal angebaut.
- Ich wachse an einem immergrünen Baum, der bis zu zehn Meter groß wird.
- In Europa werde ich von August bis Oktober geerntet.
- Ich bin die am häufigsten angebaute Zitrusfrucht der Welt.
- In Ländern, in denen es immer warm ist, werde ich grün verkauft.
- Bei Kälte werde ich orange bis rot.
- Ich bin rund und habe eine dicke Schale.
- Ich stamme aus einer Kreuzung von Mandarine und Pampelmuse.
- Aus mir kann man Saft und Marmelade herstellen.
- Die abgeriebene Schale meiner Frucht aromatisiert z. B. Kuchenteig.
- Meine Schale auf eine Heizquelle gelegt, aromatisiert die Raumluft.
- Mein frisch gepresster Saft ist beliebt als Getränk zum Frühstück.
- Ich bin ein guter Vitamin-C-Lieferant.
- Ich heiße auch Apfelsine. – (Apfel-Sine – Apfel aus China)

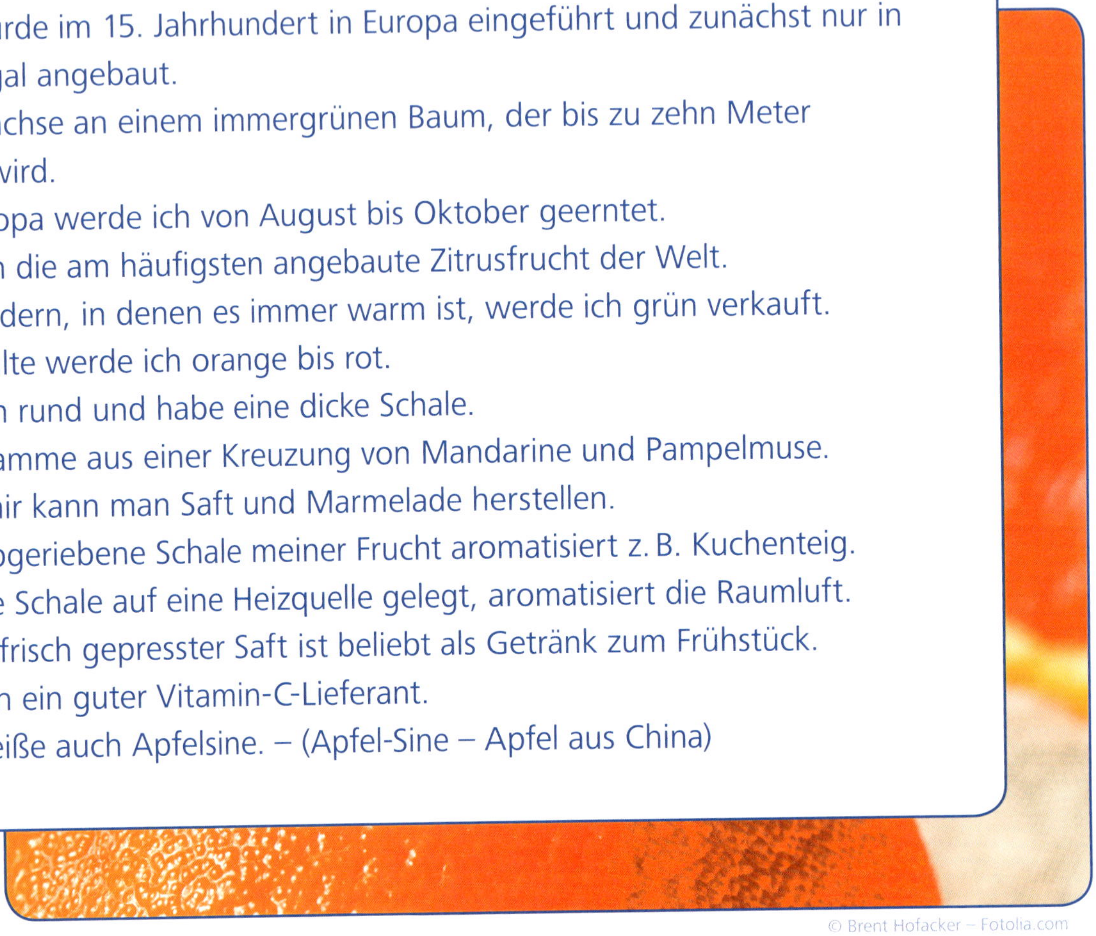

© Brent Hofacker – Fotolia.com

Aktivierungsideen rund um die Orange

Lassen Sie erzählen …

- Mögen Sie den Duft von Orangen?
- Wie nehmen Sie Orangen am liebsten zu sich? – (frisch geschält in Spalten, als Saft)
- Haben Sie schon einmal selbst Orangensaft gepresst? Wie? – (mit einer elektrischen Saftpresse, mit einer Zitronenpresse)
- Wann essen Sie Orangen bzw. trinken Sie Orangensaft am liebsten? – (zum Frühstück, in der Weihnachtszeit, zur Erkältungszeit)
- Mögen Sie auch Orangen mit rotem Fruchtfleisch? Wie heißen diese? – (Blutorangen)
- Kennen Sie noch weitere Zitrusfrüchte? – (Zitrone, Grapefruit, Mandarine, Klementine, Pampelmuse)
- Wie heißt die aromatische Backzutat für Stollen und Früchtebrot aus Orangen? – (Orangeat)
- Wissen Sie auch, wie Orangeat hergestellt wird? – (Schalen von Bitterorangen werden kandiert)
- Welche zusammengesetzten Wörter mit „Orange" kennen Sie? – (Blutorange, Orangenkuchen, Orangenlikör, Orangenmarmelade, Orangensaft)
- Malen Sie gern? Welche Farben muss man miteinander mischen, um die Farbe Orange zu erhalten? – (Rot und Gelb)

Gedicht

Kennst du das Land? Wo die Zitronen blühn

Kennst du das Land? Wo die Zitronen blühn,
im dunkeln Laub die Goldorangen glühn,
ein sanfter Wind vom blauen Himmel weht,
die Myrte still und hoch der Lorbeer steht.
Kennst du es wohl?
Dahin! Dahin!
Mögt ich mit dir, o mein Geliebter, ziehn.

Johann Wolfgang von Goethe (1749–1832)

Gedicht-Tipp

Folgende Gedichte können Sie ebenfalls den Teilnehmern vorlesen:

- Francisca Stoecklin: An eine Orange
- Hermione von Preuschen: Der Orangenbaum

Lied-Tipp
Folgende Lieder können Sie – falls bekannt – gemeinsam mit den Teilnehmern singen, dazu klatschen, stampfen und passende Bewegungen machen. Alternativ oder ergänzend können Sie die Lieder von CD abspielen:

- France Gall: Zwei Apfelsinen im Haar (Schlager, 1968, ursprünglich: A Banda, portugiesische Samba, 1966)
- Fools Garden: Lemon Tree (Popsong, 1995)

Redewendung

Etwas trägt reiche Früchte.
(Etwas ist sehr ergiebig.)

Weitere Aktivierungsideen

- Geben Sie ätherisches Orangenöl in eine elektrische Duftlampe.
- Bereiten Sie Orangenpunsch zu: einen Liter Orangensaft erhitzen und drei Beutel Hagebuttentee darin ziehen lassen, zwei Teelöffel Honig einrühren.
- Trocknen Sie Orangenscheiben als wohlduftende Dekoration: auf der Heizung, auf dem Backblech oder auf Schnüre fädeln.
- Spicken Sie Orangen mit Nelken. Sie dienen als Blickfang und aromatisieren die Raumluft.

Was bin ich? – Adventskranz

- Ich bin ein vorweihnachtlicher Schmuck.
- Im Advent bin ich in fast jedem Haushalt zu finden.
- Man entdeckt mich vor Weihnachten auch in jeder christlichen Kirche.
- Zu mir gehören Kerzen.
- Ich wurde im 19. Jahrhundert im evangelischen Norddeutschland erfunden.
- Ich begleite das Warten auf Weihnachten.
- Ich bin ein Kreis. Er symbolisiert die Ewigkeit des Lebens.
- Mein Kreis wird klassisch aus Tannengrün gebunden.
- Das Grün der Zweige symbolisiert die Farbe der Hoffnung und des Lebens.
- Ich kann auch modern aus anderen Materialien geformt sein, z. B. aus Holz oder Metall.
- Meine Kerzen symbolisieren die steigende Erwartung der Geburt von Jesus Christus, der im christlichen Glauben als „Licht der Welt“ bezeichnet wird.
- Die Menschen putzen mich richtig heraus. Ich werde mit Glöckchen, Zapfen, Schleifen, Nüssen und vielem mehr verschönert.
- Es gibt mich in vielen Größen: klein für jeden Wohnzimmertisch und mit bis zu acht Metern Durchmesser und mit zwei Meter hohen Kerzen für öffentliche Plätze.
- Ich habe traditionell vier Kerzen. An jedem Adventssonntag wird eine weitere Kerze angezündet.
- Am vierten Advent brennen alle vier Kerzen und ich strahle in voller Pracht.

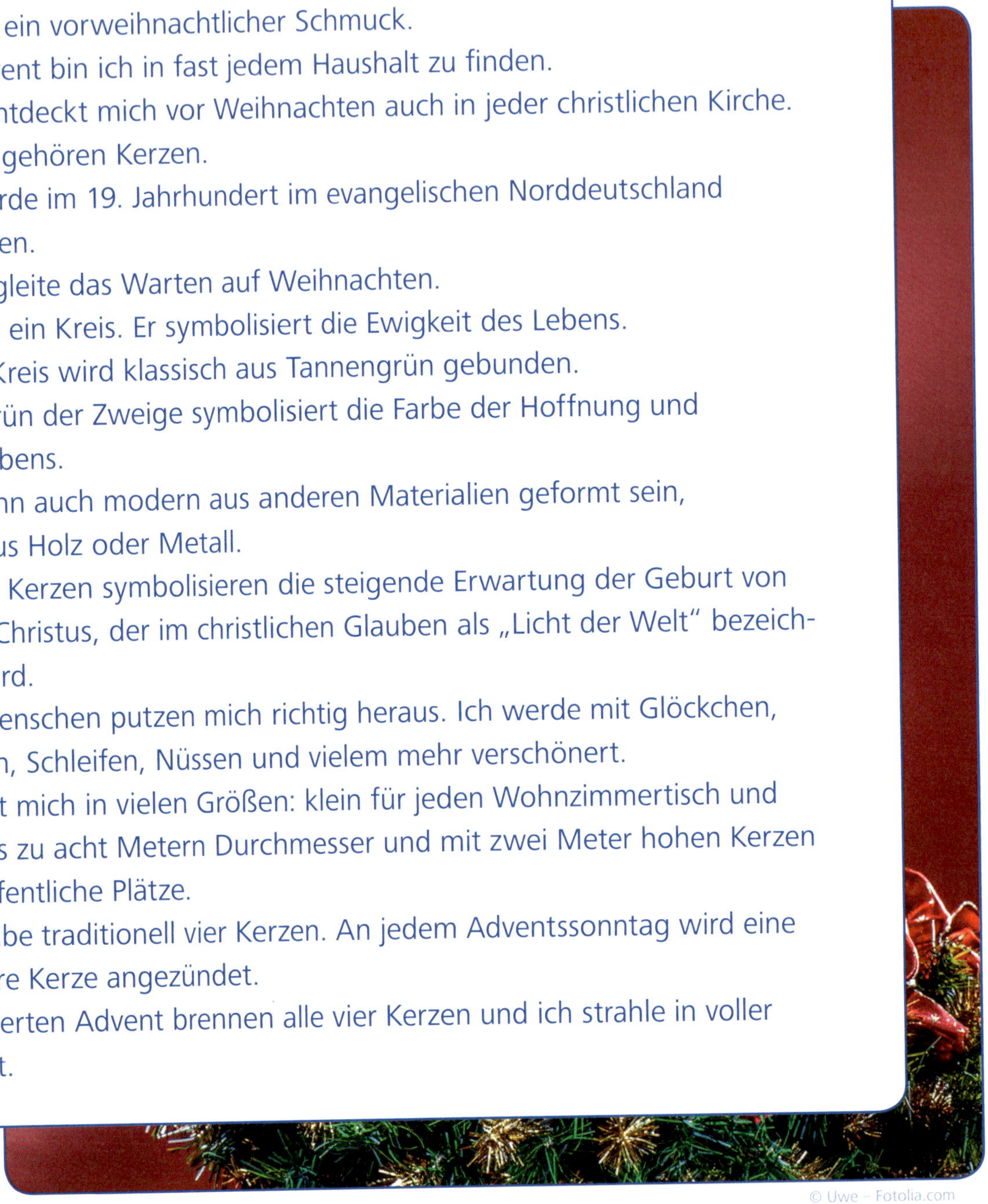

Aktivierungsideen rund um den Adventskranz

Lassen Sie erzählen ...

- Wie finden Sie die Tradition des Adventskranzes?
- Hatten Sie selbst auch immer einen Adventskranz in der Familie?
- Haben Sie den Kranz selbst gebunden und selbst geschmückt? Wie? – (z. B. aus Tannengrün gebunden, mit Sternen, Glöckchen, Bändern, Zimtstangen geschmückt)
- Welche Farben gefallen Ihnen bei einem Adventskranz? – (z. B. klassisch Rot und Gold, Silber und Blau, Naturmaterialien wie Holz und Stroh[-sterne])
- Welche Kerzen mögen Sie auf einem Adventskranz? – (z. B. Bienenwachskerzen, schlichte rote oder weiße Kerzen)
- Welche zusammengesetzten Wörter mit „Advent" oder „Kranz" kennen Sie? – (Adventskalender, Adventskerze, Adventsgesteck, Adventslied, Adventssonntag, Adventszeit, Blumenkranz, Kranzbinder, Kranzkuchen, Kaffeekränzchen)
- Hatten Sie auch einen Adventskalender oder haben Sie einen für die Kinder gemacht?
- Wissen Sie, wie viele Türchen oder Säckchen ein Adventskalender hat? – (24)
- Welcher Adventskalender gefällt Ihnen am besten: ein gekaufter mit Schokolade oder Bildern oder ein selbst befüllter?
- Welche anderen Advents- und Weihnachtstraditionen gefallen Ihnen? – (Krippe, Schwibbogen, Weihnachtsmarkt, Weihnachtsbäckerei, Christmette, Weihnachtsbaum)

Gedicht-Tipp

Folgende Gedichte können Sie den Teilnehmern vorlesen oder – falls bekannt – aufsagen lassen:

- Hermann Claudius: Immer ein Lichtlein mehr
- Horst Rehmann: Vier Kerzen im Advent
- Kinderreim: Advent, Advent, ein Lichtlein brennt

Lied

Morgen, Kinder, wird's was geben

Morgen, Kinder, wird's was geben,
morgen werden wir uns freun;
welch ein Jubel, welch ein Leben
wird in unserm Hause sein!
Einmal werden wir noch wach,
heisa, dann ist Weihnachtstag!

Wie wird dann die Stube glänzen
von der großen Lichterzahl,
schöner als bei frohen Tänzen
ein geputzter Kronensaal!
Wisst ihr noch vom vorgen Jahr,
wie's am Weihnachtsabend war?

Welch ein schöner Tag ist morgen,
viele Freuden hoffen wir!
Unsre lieben Eltern sorgen
lange, lange schon dafür.
O, gewiss, wer sie nicht ehrt,
ist der ganzen Lust nicht wert!

nach Karl Friedrich Splittegarb (1753–1802)

Lied-Tipp

Folgende Lieder können Sie – falls bekannt – auch gemeinsam mit den Teilnehmern singen, dazu klatschen, stampfen und passende Bewegungen machen. Alternativ oder ergänzend können Sie die Lieder von CD abspielen:

- Wir sagen euch an den lieben Advent (Adventslied, 1954)
- Fröhliche Weihnacht überall (Weihnachtslied)
- andere bekannte Advents- und Weihnachtslieder
- auch Gospels, instrumentale Weihnachtsmusik und Meditationsmusik sind geeignet

Weitere Aktivierungsideen

- Bringen Sie für die Tischmitte einen Adventskranz mit LED-Kerzen mit.
- Lassen Sie die Teilnehmer an frischem Tannengrün riechen.
- Bringen Sie einen schlichten Tannenkranz und verschiedenen Weihnachtsschmuck und Kerzen mit. Gemeinsam mit den Teilnehmern schmücken Sie den Adventskranz.
- Erzählen Sie den Teilnehmern die Geschichte von der Erfindung des Adventskranzes durch Johann Hinrich Wichern. (Der Theologe und Erzieher Johann Hinrich Wichern verdeutlichte in einem Kinderheim mit einem kerzenbesteckten Wagenrad den Kindern die Dauer bis Heiligabend und verkürzte sie so.)
- Unternehmen Sie mit den Teilnehmern eine vorweihnachtliche Fantasiereise.

Was bin ich? – Glocke

- Die Ältesten meiner Art stammen aus China und es gab sie nachweisbar bereits im 15. Jahrhundert vor Christus.
- Ich gebe ein Tonsignal.
- Mit meinem Ton rufe ich Menschen zusammen, warne sie, kündige etwas an oder gebe die aktuelle Uhrzeit an.
- Auf diese Weise wurden im Mittelalter mehrere Hundert verschiedene Botschaften kommuniziert.
- Das funktionierte schnell und auch über größere Entfernungen.
- In den Religionen erfülle ich oft eine besondere Funktion in Ritualen.
- Ich bestehe aus Metall. (Messing, Kupfer, Zinn, Eisen, Bronze, Gold, Silber)
- Ich bin kelchförmig, halbkugelig oder zylindrisch.
- Ich werde meist aufgehängt, es gibt mich aber auch schon lang in einer Variante für die Hand.
- Ein Klöppel versetzt mich meist von innen in Schwingung und erzeugt einen Ton.
- Manche meiner Art werden auch von außen durch einen harten Gegenstand zum Klingen gebracht.
- Ich kann mich im Kirchturm befinden, in Rathäusern oder Schulen und anderen öffentlichen Gebäuden, aber auch am Hals einer Kuh und an der Eingangstür eines Hauses.
- Ich bin ebenfalls ein Musikinstrument.
- In der Weihnachtszeit bin ich beliebt als Dekorationselement oder um mit meinem Ton Jesu Geburt zu verkünden.
- Auch in Texten habe ich einen Platz: Ein bekanntes Weihnachtslied heißt „Süßer die … nie klingen"!

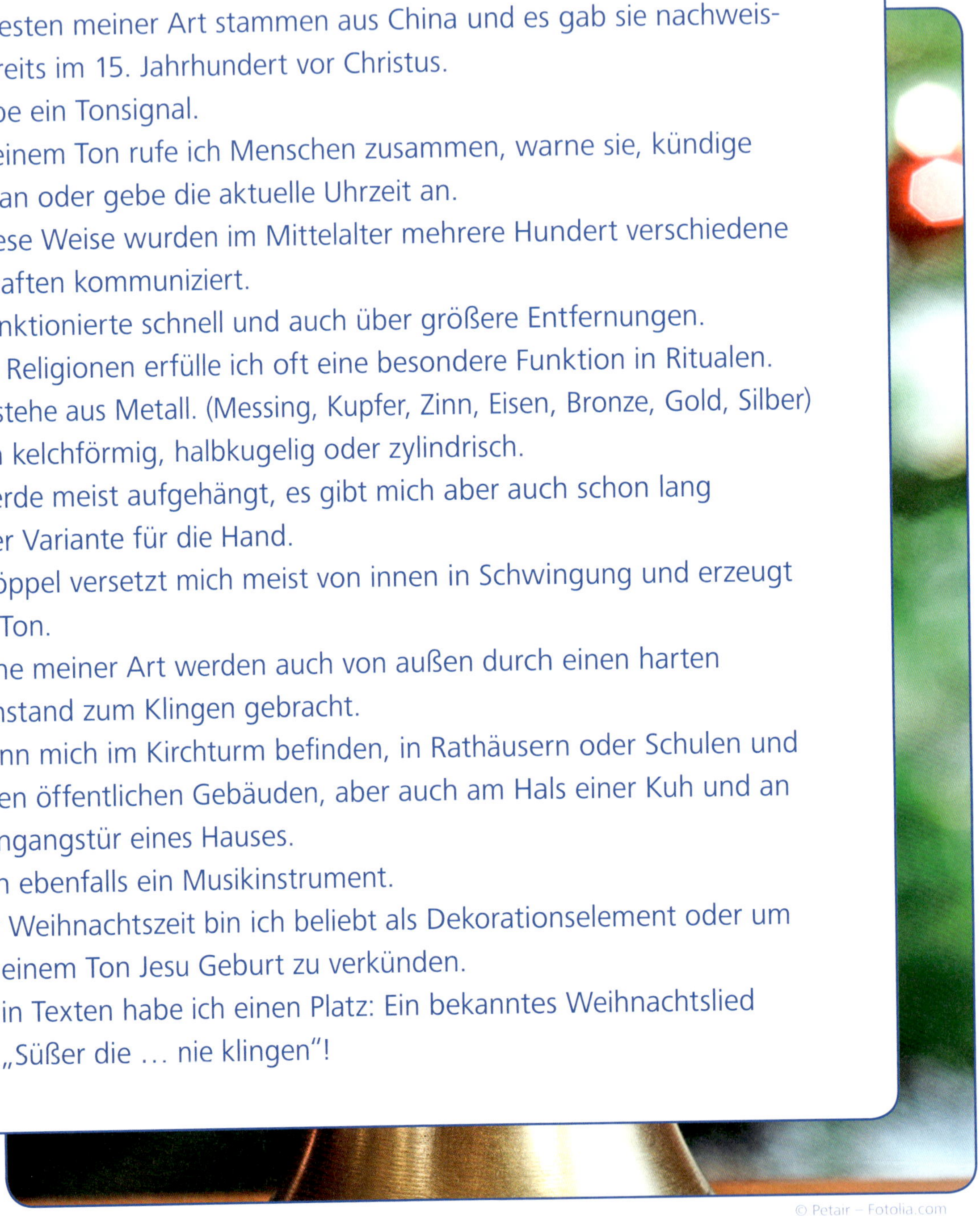

Aktivierungsideen rund um die Glocke

Lassen Sie erzählen …

- Mögen Sie das Läuten von Kirchenglocken?
- Woran erinnert Sie das? – (z. B. eigene Hochzeit, Weihnachten, Kindheitserinnerungen)
- Mögen Sie Glocken auch in der Weihnachtszeit, z. B. als Dekoration?
- Gab es in Ihrer Familie vielleicht ein besonders Glöckchen? – (Erbstück, eines, das immer genutzt wurde, um die Bescherung einzuläuten)
- Gab es bei Ihnen Zuhause noch andere Glocken? – (z. B. Glöckchen am Halsband der Katze, Kühe mit Glocke um den Hals, Schellenkranz)
- Welche zusammengesetzten Wörter mit „Glocke“ kennen Sie? – (Glockenblume, Dunstglocke, Saugglocke, Tischglocke, Käseglocke, Glockenturm, Glockenschlag, Schiffsglocke, Glockenklang, Pausenglocke, Kuhglocke)

Gedicht

Das Lied von der Glocke (Auszug)

Fest gemauert in der Erden
steht die Form, aus Lehm gebrannt.
Heute muss die Glocke werden,
frisch, Gesellen! Seid zur Hand.
Von der Stirne heiß
rinnen muss der Schweiß,
soll das Werk den Meister loben,
doch der Segen kommt von oben.

Zum Werke, das wir ernst bereiten,
geziemt sich wohl ein ernstes Wort;
wenn gute Reden sie begleiten,
dann fließt die Arbeit munter fort.
So lasst uns jetzt mit Fleiß betrachten,
was durch die schwache Kraft entspringt,
den schlechten Mann muss man verachten,
der nie bedacht, was er vollbringt.
Das ist's ja, was den Menschen zieret,
und dazu ward ihm der Verstand,
dass er im innern Herzen spüret,
was er erschafft mit seiner Hand.

Friedrich Schiller (1759–1805)

Gedicht-Tipp
Folgende Gedichte können Sie den Teilnehmern ebenfalls vorlesen:

- Theodor Fontane: Verse zum Advent
- Christian Morgenstern: Winternacht

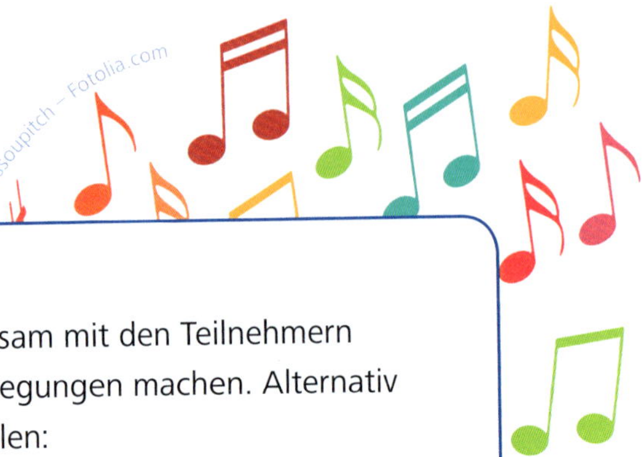

Lied-Tipp
Folgende Lieder können Sie – falls bekannt – gemeinsam mit den Teilnehmern singen, dazu klatschen, stampfen und passende Bewegungen machen. Alternativ oder ergänzend können Sie die Lieder von CD abspielen:

- Süßer die Glocken nie klingen (Weihnachtslied)
- Kling, Glöckchen, klingelingeling (Weihnachtslied)
- O wie wohl ist mir am Abend (Volkslied)
- Schlittenfahrt, Schlittenfahrt (Weihnachtslied, Interpreten: u. a. Die Flippers, Peter Alexander, ursprünglich: Jingle Bells, 1857)
- Weihnachtsoratorium (Oratorium, 1734, Johann Sebastian Bach)

Redewendungen und Zitat

Jemand bekommt eins auf die Glocke.
(Jemand bekommt Prügel.)

Jemand hängt etwas an die große Glocke.
(Jemand posaunt etwas Vertrauliches öffentlich aus.)

Häng an die große Glocke nicht, was jemand im Vertrauen spricht.
Matthias Claudius, 1740–1815

Weitere Aktivierungsideen

- Bringen Sie verschiedene Glocken mit und klingen Sie gemeinsam.
- Sehen Sie mit orientierten Teilnehmern den Film „Der Glöckner von Notre Dame" an. (mit Gina Lollobrigida, Anthony Quinn, 1956)

Was bin ich? – Nussknacker

- Es gibt mich seit dem 17. Jahrhundert.
- Ich bin Werkzeug und Dekoration gleichermaßen.
- Ich werde aus Holz hergestellt, vorwiegend aus Fichte oder Buche.
- Mich gibt es auch schlicht und rein funktional aus Holz oder Metall.
- Im 19. Jahrhundert war ich auch ein beliebtes Kinderspielzeug.
- Ich bin meist 35 Zentimeter hoch.
- Es gibt aber auch größere Exemplare von mir. In einem Museum gibt es ein Exemplar von 10 Metern Höhe und mit einem Gewicht von 3000 Kilo.
- Hier wird nach mir in Form einer Figur gesucht.
- Meine bekannteste Form- und Farbgebung stammt aus dem Erzgebirge.
- Mein oft grimmiges Aussehen ähnelt der damaligen Obrigkeit (Förster, Gendarmen, König, Soldaten).
- Ich werde in der Weihnachtszeit als Dekoration aufgestellt.
- Auf Weihnachtsmärkten werde ich zum Kauf angeboten.
- Nach mir ist ein bekanntes russisches Ballett von Tschaikowski benannt.
- Im 18. Jahrhundert nannte man mich „Nussbeißer“.
- Meine Aufgabe ist es, Nüsse zu knacken.
- Die Nüsse knacke ich mittels Hebelwirkung mit meinem Mund.

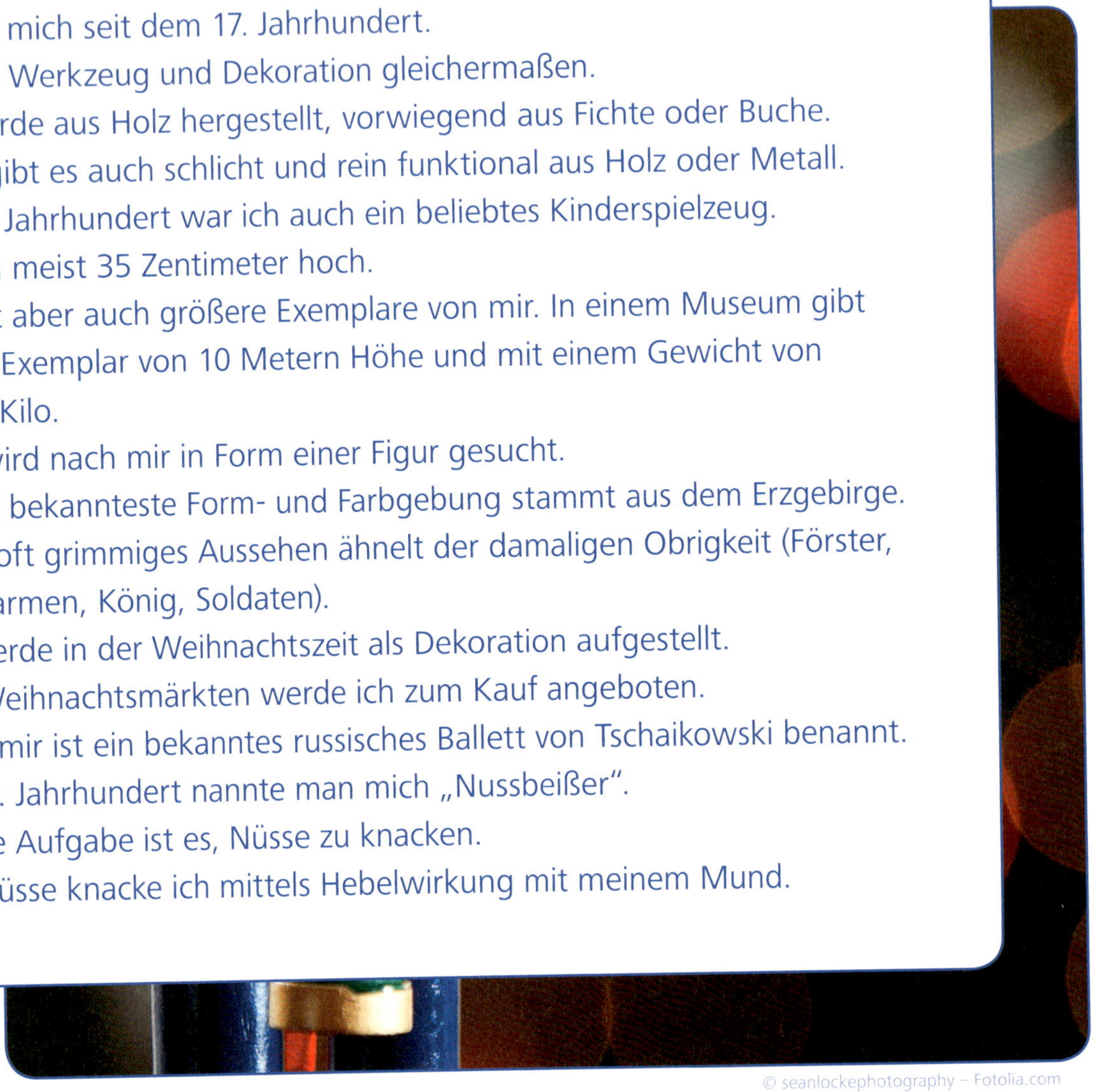

Aktivierungsideen rund um den Nussknacker

Lassen Sie erzählen …

- Hatten Sie selbst einen Nussknacker?
- Haben Sie damit auch Nüsse geknackt oder wurde er nur zur Dekoration aufgestellt?
- Welche anderen Stücke zur Weihnachtsdekoration aus dem Erzgebirge gab es noch bei Ihnen? – (z. B. Engel, Schwibbögen, Räuchermännchen)
- Womit kann man Nüsse knacken? – (Nussknacker, Zähne, Steine, Hammer)
- Mögen Sie Nüsse?
- Welche essen Sie am liebsten? – (Walnuss, Haselnuss, Macadamianuss, Cashewnuss, Muskatnuss, Pekannuss, Paranuss, Erdnuss, Pistazie, Kokosnuss, Buchecker, Eichel, Edelkastanie)
- Wie essen Sie sie bevorzugt? – (pur als Snack, im Müsli, über den Salat gestreut, in Keksen und Kuchen)
- Welche anderen Nüsse kennen Sie? – (siehe oben)

Gedicht

Nussknacker

Nussknacker, du machst ein grimmig Gesicht –
ich aber, ich fürchte vor dir mich nicht;
ich weiß, du meinst es gut mit mir.
Drum bring ich meine Nüsse dir.

Ich weiß, du bist ein Meister im Knacken:
Du kannst mit deinen dicken Backen
gar hübsch die harten Nüsse packen
und weißt sie vortrefflich aufzuknacken.

Nussknacker, drum bitt ich, bitt ich dich,
hast bessere Zähn als ich, Zähn als ich,
o, knacke nur, knacke nur immerzu!
Ich will dir zu Ehren
die Kerne verzehren.

O knacke nur, knack, knack, knack! Immerzu!
Ei, welch ein braver Kerl bist du!

August Heinrich Hoffmann von Fallersleben (1798–1874)

Gedicht-Tipp

Lesen Sie das Gedicht „Knecht Ruprecht“ von Theodor Storm vor.

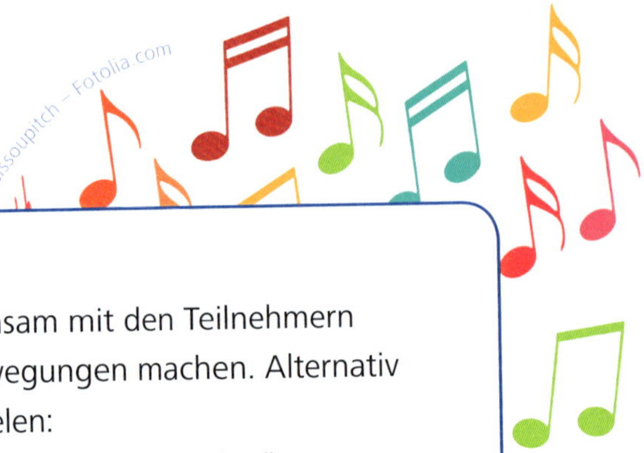

Lied-Tipp

Folgende Lieder können Sie – falls bekannt – gemeinsam mit den Teilnehmern singen, dazu klatschen, stampfen und passende Bewegungen machen. Alternativ oder ergänzend können Sie die Lieder von CD abspielen:

- Stücke aus dem Ballett „Der Nussknacker“ (z. B. „Lied der Nussknacker“, „Marsch der Zinnsoldaten“)
- Ging ein Weiblein Nüsse schütteln (Kinderlied)
- Heino: Schwarzbraun ist die Haselnuss (Schlager, 1971)

Redewendungen

Etwas ist für jemanden eine harte Nuss.
(Etwas ist für jemanden ein schweres Problem.)

Jemand gibt einem eins auf die Nuss.
(Jemand gibt einem einen Schlag auf den Kopf.)

Jemand geht einem auf die Nüsse.
(Jemand nervt einen.)

Weitere Aktivierungsideen

- Bringen Sie verschiedene Nüsse und einen Nussknacker (evtl. verschiedene Ausführungen) mit. Lassen Sie die Nüsse mit dem Nussknacker knacken. Unterstützen Sie dabei, falls nötig.
- Stecken Sie Nüsse in Fühlsäckchen und lassen Sie raten, welche es sind.
- Sehen Sie mit orientierten Teilnehmern die Märchenverfilmung „Drei Haselnüsse für Aschenbrödel“ an.
- Spielen Sie amerikanische und englische Weihnachtslieder im Original ab, z. B. „Frosty the Snowman“, „Jingle Bells“, „Let It Snow“, „Rudolph, the Red-Nosed Reindeer“, „Suzy Snowflake“, „Mele Kalikimaka“.

Was bin ich? – Zimt

- Ich werde aus der getrockneten Rinde bestimmter Sträucher und Bäume gewonnen.
- Von mir sind drei Sorten im Handel. – (Ceylon-Zimt, Cassiazimt und indonesischer Zimt)
- Mein Ursprung liegt auf Sri Lanka (bis 1972: Ceylon).
- Heute werde ich vor allem in China, Indonesien und Sri Lanka gewonnen.
- Ich bin eines der ältesten Gewürze.
- Ich soll bereits 2000 Jahre vor Christus in China und Indien benutzt worden sein.
- Zwischen dem 16. und 18. Jahrhundert galt ich in Europa als eines der wertvollsten Gewürze.
- Ich bin wärmend und habe eine heilende Wirkung.
- Ich wirke desinfizierend, durchblutungsfördernd, beruhigend und stimmungsaufhellend.
- Mein ätherisches Öl – in einer Duftlampe verdampft – reinigt die Raumluft.
- Ich werde in der Küche als Stange oder Pulver und manchmal auch als Blüte verwendet.
- In arabischen und asiatischen Ländern wird Fleisch mit mir gewürzt.
- Ich bin in Europa vor allem als weihnachtliches Gewürz bekannt.
- Ich bin Bestandteil der Lebkuchen-Gewürzmischung.
- Ich dufte süßlich und man würzt mit mir beispielsweise Bratäpfel, Pflaumenmus, Milchreis, Zimtsterne, Glühwein oder auch Tee.
- In Verbindung mit Zucker schmecke ich besonders köstlich.
- Ich werde auch „Canehl" genannt.

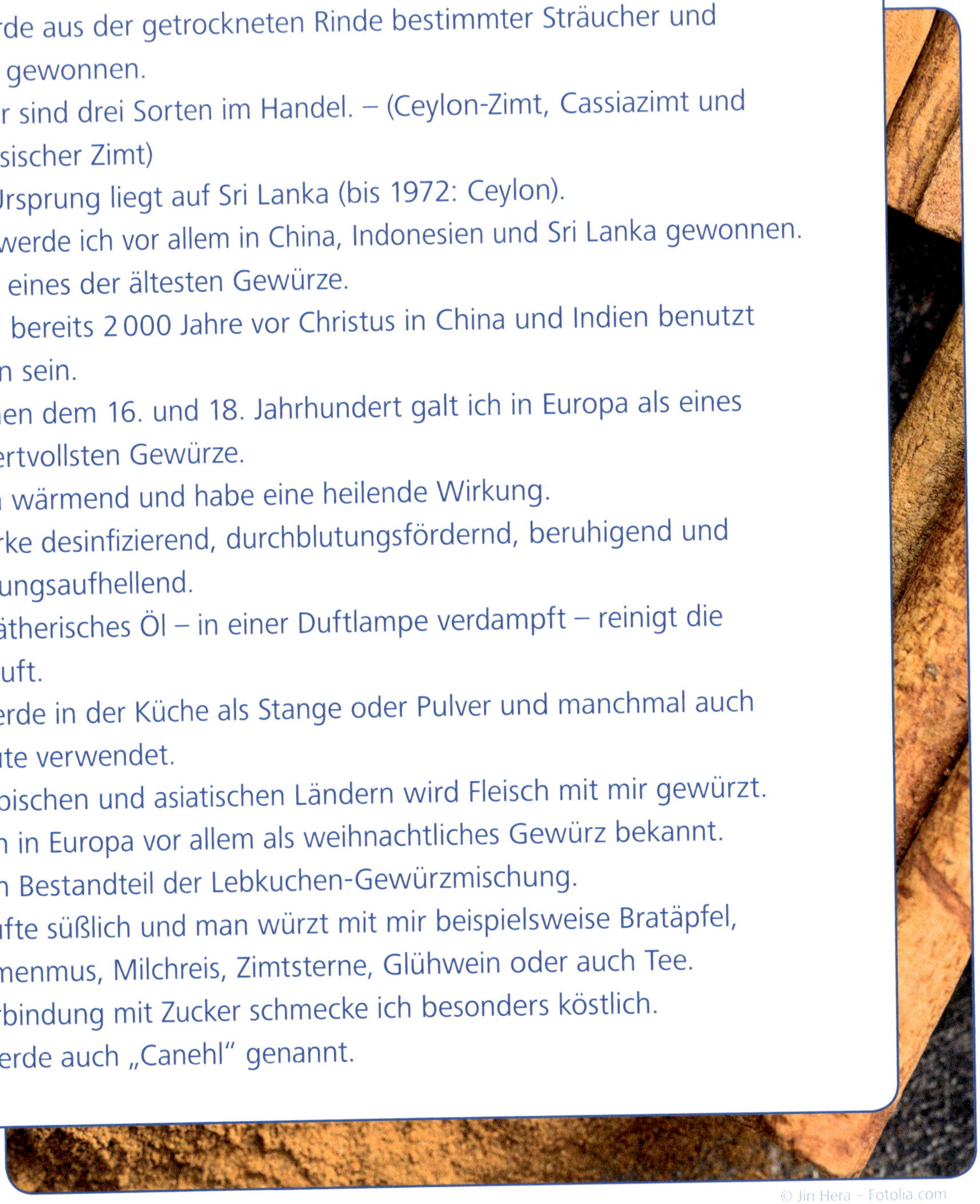

Aktivierungsideen rund um den Zimt

Lassen Sie erzählen ...

- Mögen Sie Zimt?
- Wie genießen Sie ihn am liebsten? – (Bratapfel, Pflaumenmus, Milchreis, Zimtsterne, Glühwein, Tee, herzhafte Fleischgerichte)
- Welche Gerichte haben Sie früher selbst mit Zimt zubereitet? – (siehe oben)
- Haben Sie vielleicht auch mit Zimtstangen duftige Weihnachtsbasteleien erstellt? – (für den Weihnachtsbaum mit Golddraht umwickelt, im Adventskranz, im Türkranz)
- Kennen Sie andere typische Weihnachtsgewürze? – (Nelken, Anis, Kardamom, Muskat, Ingwer, Piment, Vanille)
- Haben Sie in der Familie früher Weihnachtskekse gebacken? Welche Sorten gab es? – (z. B. Zimtsterne, Makronen, Spritzgebäck, Butterplätzchen, Vanillekipferl, Lebkuchen, Spekulatius)
- Haben Sie früher (vielleicht mit Ihren Kindern) im Advent ein Lebkuchenhaus gebaut?
- Wissen Sie, aus welchem Märchen die Frage stammt: „Knusper, knusper, knäuschen, wer knuspert an meinem Häuschen?" – (Brüder Grimm: „Hänsel und Gretel", die Hexe fragt)
- Wie lautet die Antwort von Hänsel und Gretel? – („Der Wind, der Wind, das himmlische Kind.")
- Was haben Sie an Heiligabend früher traditionell gegessen? – (z. B. Gans oder Ente mit Rotkohl und Klößen, Würstchen mit Kartoffelsalat, Karpfen, Fondue, Raclette)
- Haben Sie selbst das Menü zubereitet?
- Kennen Sie die typischen Gewürze für den Gänsebraten? – (Beifuß, Majoran)
- Gab es auch ein Dessert an Heiligabend? Welches? – (z. B. Eis, Zimtparfait, Crème brulée)
- Was ist eine Zimtzicke? – (eine empfindliche, exzentrische Frau)

Gedicht

Der Weihnachtsbaum (Auszug)

Es ist eine Kälte, dass Gott erbarm!
Klagte die alte Linde,
bog sich knarrend im Winde
und klopfte leise mit knorrigem Arm
im Flockentreiben
an die Fensterscheiben.
Es ist eine Kälte, dass Gott erbarm!
Drinnen im Zimmer war's warm.
Da tanzte der Feuerschein so nett
auf dem weißen Kachelofen Ballett.
Zwei Bratäpfel in der Röhre belauschten
wie die glühenden Kohlen
behaglich verstohlen

Kobold- und Geistergeschichten tauschten.
Dicht am Fenster im kleinen Raum
da stand, behangen mit süßem Konfekt,
vergoldeten Nüssen und mit Lichtern besteckt,
der Weihnachtsbaum.
Und sie brannten alle, die vielen Lichter,
aber noch heller strahlten am Tisch
(es lässt sich wohl denken
bei den vielen Geschenken)
drei blühende, glühende Kindergesichter. –
Das war ein Geflimmer
im Kerzenschimmer!
Es lag ein so lieblicher Duft in der Luft
nach Nadelwald, Äpfeln und heißem Wachs.
Tatti, der dicke Dachs,
schlief auf dem Sofa und stöhnte behaglich.
Er träumte lebhaft, wovon, war fraglich,
aber ganz sicher war es indessen,
er hatte sich schon (die Uhr war erst zehn)
doch man musste 's gestehn,
es war ja zu sehn,
er hatte sich furchtbar überfressen.

Joachim Ringelnatz (1883–1934)

Redewendung

In der Kürze liegt die Würze.
(Eine kurze Darstellung ist besser als eine lange.)

Weitere Aktivierungsideen

- Bringen Sie Zimtstangen mit und lassen Sie die Teilnehmer daran riechen.
- Geben Sie ätherisches Zimtöl in eine elektrische Duftlampe.
- Bieten Sie Zimtsterne, Pfefferkuchen und anderes Weihnachtsgebäck mit Zimt an.
- Backen Sie gemeinsam Zimtsterne oder Zimtschnecken. Sie können auch auf Fertigprodukte aus der Kühltheke zurückgreifen.
- Füllen Sie Riechsäckchen oder -gläschen (undurchsichtig/beklebt) mit (Weihnachts-) Gewürzen. Lassen Sie die Teilnehmer riechen und raten, was sich darin befindet.

© Verlag an der Ruhr | Autorin: Siglinde Hofmann | ISBN 978-3-8346-4134-2 | www.verlagruhr.de

Was bin ich? – Klee

- Von meiner Gattung gibt es 245 Arten.
- Ich blühe von Mai bis Oktober.
- Mich findet man auf der Wiese ebenso wie gezüchtet im Blumenladen als Zierpflanze.
- Ich ziehe Bienen, Hummeln und Schmetterlinge an. Sie finden bei mir reichlich Nektar.
- Auch Kühe, Kaninchen und andere Tiere mögen mich.
- Ich blühe in verschiedenen Farben, überwiegend weiß, rot und gelb.
- In Europa und Nordamerika werde ich gezielt als Futterpflanze angebaut.
- Ich verbessere die Bodenfruchtbarkeit.
- Im Mittelalter galt ich den Minnesängern als außerordentlich edle Blüte.
- Die Symbolik meines dreifiedrigen Blattes ist vielfältig: Dreifaltigkeit Jesu, Sommer, Liebe.
- Ich bin auf vielen Wappen abgebildet.
- Ich bin ein beliebtes Glückssymbol.
- Als Glücksbringer für das neue Jahr verschenkt man mich gern zu Silvester.
- Meistens habe ich drei Blätter, manchmal aber auch vier.
- Findet man ein vierblättriges Exemplar von mir, verheißt dies Glück.

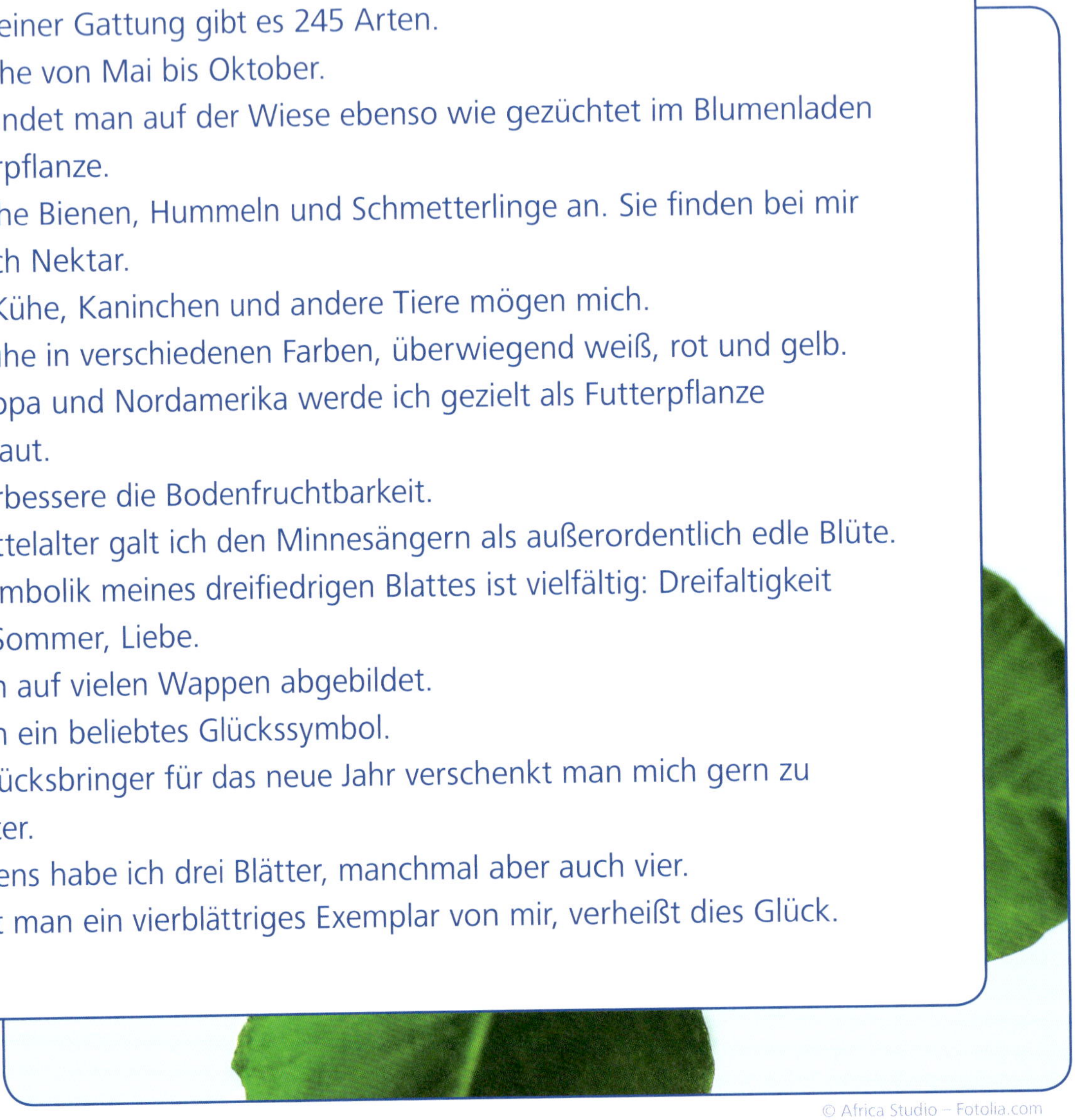

Aktivierungsideen rund um den Klee

Lassen Sie erzählen …

- Haben Sie schon einmal ein vierblättriges Kleeblatt gefunden oder geschenkt bekommen?
- Hat Ihnen das vierblättrige Kleeblatt Glück gebracht?
- Welche anderen Glückssymbole kennen Sie? – (z. B. Hufeisen, Schwein, Schornsteinfeger, Glückspfennig, Fliegenpilz, Marienkäfer, Misteln)
- Wissen Sie, was ein Hufeisen bedeutet, das nach oben geöffnet über der Eingangstür hängt? – (Es bringt Glück: 1. Es soll dem Teufel auf den Kopf fallen. 2. Eisen bringt Glück, weil es unverwundbar macht, 3. Das Glück soll von oben hineinfallen.)
- Wissen Sie, welche Symbole Unglück bringen sollen? – (z. B. schwarze Katze, Freitag, der 13., zerbrochener Spiegel, unter einer Leiter durchgehen, Salz verschütten)
- Sind Sie abergläubisch? Inwiefern?
- Was bedeutet für Sie Glück? Was macht Sie glücklich?

Gedichte

Zu Neujahr

Will das Glück nach seinem Sinn
dir was Gutes schenken,
sage Dank und nimm es hin
ohne viel Bedenken.

Jede Gabe sei begrüßt,
doch vor allen Dingen:
Das, worum du dich bemühst,
möge dir gelingen.

Wilhelm Busch (1832–1908)

Peinlich berührt

Im Dorfe wohnt ein Vetter,
der gut versichert war
vor Brand und Hagelwetter
nun schon im zehnten Jahr.

Doch nie seit dazumalen
ist ein Malheur passiert,
und so für nichts zu zahlen,
hat peinlich ihn berührt.

Jetzt, denkt er, überlasse
dem Glück ich Feld und Haus.
ich pfeife auf die Kasse.
und schleunig trat er aus.

O weh, nach wenig Tagen
da hieß es: „Zapperment!
Der Weizen ist zerschlagen
und Haus und Scheune brennt."

Ein Narr hat Glück in Masse,
wer klug, hat selten Schwein.
Und schleunig in die Kasse
trat er halt wieder ein.

Wilhelm Busch (1832–1908)

Gedicht-Tipp
Lesen Sie das Gedicht „Das vierblättrige Kleeblatt" von Richard Schmidt-Cabanis vor.

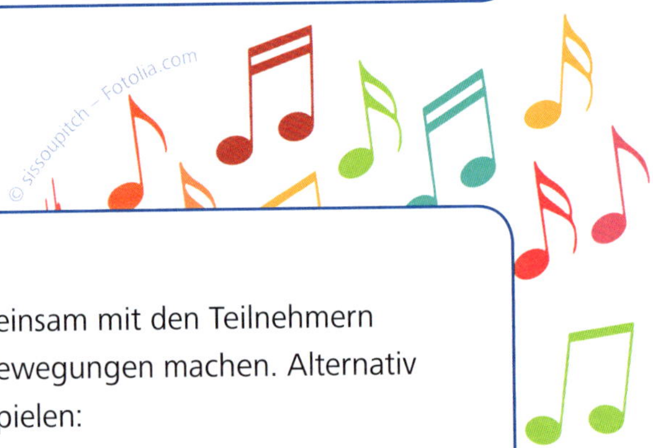

Lied-Tipp
Folgende Lieder können Sie – falls bekannt – gemeinsam mit den Teilnehmern singen, dazu klatschen, stampfen und passende Bewegungen machen. Alternativ oder ergänzend können Sie die Lieder von CD abspielen:

- Froh zu sein bedarf es wenig (Volkslied, Kanon)
- Viel Glück und viel Segen (Volkslied, Geburtstagslied)
- Nana Mouskouri: Glück ist wie ein Schmetterling (Popsong, 1977)
- Du hast Glück bei den Frau'n, Bel Ami! (Schlager, 1939, Interpret: u. a. Willi Forst)

Bauernregel

Weihnachten im Klee, Ostern im Schnee.

Weitere Aktivierungsideen

- Bringen Sie Klee und andere Glückssymbole mit, z. B. Glückspfennig oder Marienkäfer.
- Lesen Sie das Märchen „Hans im Glück" von den Brüdern Grimm vor.

Was bin ich? – Luftschlange

- Ich wurde in den 1880er-Jahren erfunden.
- Die Polizei warnte bereits 1887 vor meiner Verwendung im Straßenverkehr.
- Ich erreiche eine Länge von bis zu vier Metern.
- Es gibt mich einfarbig und ganz bunt.
- Ich komme in jedem Jahr, insbesondere zwischen dem 11.11. und Aschermittwoch, zum Einsatz.
- Nicht nur in der Faschingszeit, auch bei anderen Feiern, Partys und an Silvester bin ich oft dabei.
- Ich bin ein Spaß für Groß und Klein.
- Ich bin ein Scherz- und ein Dekorationsartikel.
- Ich bestehe aus Papier.
- Aus Spraydosen und Kanonen gibt es mich inzwischen auch aus Kunststoff.
- Ich lebe von der Luft und dem Lachen der Menschen.
- Ich bin eine Schlange.
- Ich bin keine Gift- oder Würgeschlange.
- Man packt mich aufgerollt zu einem Ring aus und bringt mich durch kräftiges Pusten in meine eigentliche Form.

Aktivierungsideen rund um die Luftschlange

Lassen Sie erzählen …

- Haben Sie auch schon einmal Luftschlangen gepustet?
- Haben Sie Luftschlangen verwendet, um Ihre Wohnung zu Festen zu dekorieren?
- Welche anderen Faschings- und Scherzartikel kennen Sie? – (z. B. Luftballon, Konfetti, Stinkbombe, Plastik-Hundehaufen, Furzkissen, Lachsack)
- Welche anderen Bezeichnungen kennen Sie für Fasching? – (Karneval, Fastnacht, närrische Zeit, tolle Tage, fünfte Jahreszeit)
- Welche Traditionen und Bräuche gibt es im Fasching? – (z. B. sich verkleiden, Masken, Umzüge, Bälle)
- Wissen Sie, welche Städte als Hochburgen des Faschings gelten? – (Mainz, Düsseldorf, Köln)
- Mit welchen Rufen begrüßen sich die Karnevalisten? – (Alaaf, Helau)
- Wie heißt ein klassisches Faschingsgebäck? – (Faschingskrapfen, Berliner Ballen)
- Womit könnte dieser in der Faschingszeit statt der süßen Marmelade gefüllt sein? – (Senf)
- Wissen Sie, wann die Faschingszeit beginnt und endet? – (Sie beginnt am 11.11. um 11:11 Uhr und endet am Aschermittwoch.)
- Wissen Sie, wann Weiberfastnacht ist und was dann passiert? – (Am Donnerstag vor Aschermittwoch wird Weiberfastnacht gefeiert. Die Frauen übernehmen die Macht und schneiden den Männern symbolisch die Krawatten ab.)
- Wie heißen die Tage vor Aschermittwoch? – (Rosenmontag, Faschingsdienstag)
- Wissen Sie, wie die Wochen nach der Faschingszeit heißen? – (Fastenzeit)
- Welche Redewendungen zum Thema „lachen“ kennen Sie? – (sich eins lachen, gut lachen haben, nichts zu lachen haben, jemandem vergeht das Lachen, sich biegen vor Lachen …)

Gedichte

Zur Fastnachtszeit

Und beut der Winter auch manche Leiden,
so will er doch nicht traurig scheiden:

Er bringt uns erst noch die Fastnachtszeit
mit aller ihrer Lustigkeit.

Da gibt es Kurzweil mancherlei,
Musik und Tanz und Mummerei,

Pfannkuchen, Brezel, Kuchen und Weck,
und Eier und Würste, Schinken und Speck.

Wir Kinder singen von Haus zu Haus
und bitten uns eine Gabe aus,

und machen's hinterdrein wie die Alten
und wollen heuer auch Fastnacht halten.

August Heinrich Hoffmann von Fallersleben (1798–1874)

Immer wieder Fasching

Wenn der Fasching kommt, wird viel verboten.
Aber manches wird auch andrerseits erlaubt.
Dann wird nicht nur Dienstboten,
nein auch Fürstenhäusern entstammten
Damen oder Frauen von Beamten
die Unschuld geraubt.

Jeder lässt was springen.
Viel ist los.
Und vor allen Dingen
Beine und Popos.

Joachim Ringelnatz (1883–1934)

Lied-Tipp
Folgende Lieder und weitere Stimmungs- und Schunkellieder können Sie – falls bekannt – gemeinsam mit den Teilnehmern singen, dazu klatschen, stampfen und passende Bewegungen machen. Alternativ oder ergänzend können Sie die Lieder von CD abspielen:

- Jetzt kommen die lustigen Tage (Volkslied)
- Der treue Husar (Volkslied)
- Trink, trink, Brüderlein, trink (Schlager, 1927, Interpreten: u. a. Gus Backus)
- Karl Berbuer: Heidewitzka, Herr Kapitän (Karnevalslied, 1936)
- Jupp Schmitz: Wer soll das bezahlen? (Karnevalslied, 1949)
- Trude Herr: Ich will keine Schokolade (Schlager, 1965)

Weitere Aktivierungsideen

- Bringen Sie Luftschlangen, Konfetti und ähnliche Artikel mit und zeigen Sie sie.
- Organisieren Sie ein kleines Faschingsfest mit Luftschlangen, Musik und Krapfen/ Berliner Ballen.